De la Crise à la Paix

La Solution Végétalienne Biologique

Le Maître Suprême Ching Hai

Love Ocean

Auteure :
Le Maître Suprême Ching Hai

Conception couverture :
Gena Balaria et Dawn Faith

Conception texte et mise en page :
Mateo Rivera

Traduction et relecture :
Philippe Daubichon et Thomas Sylvestrone

Maison d'édition :
Love Ocean Creative International Company, Ltd.
Adresse : B1., No. 3, Alley 30, Lane 78, Sec. 2, Fusing S. Rd.,
Taipei, 10664, Taiwan, R.O.C.
Tél : 886-2-2706-5528 & 886-2-87896317
www.loveoceancreative.com / info@loveoceancreative.com

Titre original en anglais : *From Crisis To Peace - The organic vegan way is the answer*

ISBN : 978-986-6061-03-5
Achevé d'imprimer en juillet 2011
Dépôt légal : juillet 2011

Imprimé en Pologne

Pour transmettre l'abondance de l'amour, vous êtes invités à partager ce livre avec vos amis et vos proches.

C'est grâce à tout le karma
positif des habitants du monde
que cette belle planète a été
créée. Mais si elle est
totalement recouverte
d'un nouveau karma négatif
alors la planète et/ou
ses habitants périront.

Faites du bon karma :

Soyez Aimants

Soyez Végétaliens

Soyez Écolos

-Le Maître Suprême Ching Hai

SOMMAIRE

AVANT-PROPOS

Au cours de ces dernières années, lors de conférences vidéo, d'entretiens avec des journalistes et de rencontres avec des disciples, le Maître Suprême Ching Hai a parlé avec une urgence croissante de la crise actuelle du climat de la Terre. Elle a ainsi déclaré : « Notre planète est une maison qui brûle. Si nous n'agissons pas ensemble avec un esprit d'unité pour éteindre le feu, nous n'aurons plus de maison. » Mais elle offre aussi à l'humanité une solution stimulante, que chacun peut facilement adopter : « Être végétalien pour sauver la planète. »

Alors que la crise s'aggrave, les catastrophes naturelles emportent des dizaines de milliers de vies et chassent des millions de gens de leurs habitations, provoquant des pertes financières qui se chiffrent en milliards de dollars. La montée des eaux a déjà submergé de nombreuses îles et menace plusieurs nations insulaires. En outre, les précipitations irrégulières et les sécheresses accrues touchent de nombreuses régions, aggravant ainsi les pénuries d'eau et de nourriture. Et les experts du climat nous mettent en garde contre des conditions encore plus extrêmes à venir, avec la possibilité d'« emballement du réchauffement planétaire ».

Dans ce livre, le Maître Suprême Ching Hai présente les principaux facteurs associés au réchauffement planétaire, et plus important encore, la cause profonde de ce dernier : l'industrie de l'élevage.

En fait, de nombreuses études scientifiques confirment le point de vue du Maître Suprême Ching Hai, qu'elle expose depuis plus de vingt ans. L'élevage des animaux pour l'alimentation gaspille non seulement des quantités massives d'eau, d'énergie et de précieuses terres, mais il contribue également pour une part stupéfiante de 51 % aux émissions mondiales de gaz à effet de serre. L'élevage est également la plus grande source de méthane atmosphérique, un gaz à effet de serre beaucoup plus puissant que le CO_2, mais ayant une durée de vie plus courte.

Ainsi, comme le Maître Suprême Ching Hai le dit, il est logique qu'arrêter la production de viande et « devenir végétalien », c'est-à-dire adopter une alimentation à base de végétaux, réduira immédiatement les températures mondiales, guérira les maux causés à l'environnement par le bétail et réduira les coûts d'atténuation du changement climatique de plusieurs milliers de milliards de dollars. En outre, un tel changement permettrait d'atteindre ces résultats avec pratiquement aucun impact négatif sur la planète et la société. En revanche, des réductions similaires de dioxyde de carbone produit par les secteurs de l'industrie et des transports pourraient avoir des effets économiques dévastateurs. De plus, la plupart des technologies vertes nécessitent des années pour être développées, tandis que les réductions des émissions de méthane peuvent être réalisées immédiatement à chaque repas végétalien. Ainsi l'adoption du mode de vie végétalien est la solution la plus simple, la plus rapide et la moins coûteuse à la crise climatique, et c'est aussi notre seul salut, parce que nous manquons de temps.

De nombreux experts du climat, écologistes et représentants de gouvernement ont déjà commencé à préconiser cette approche pour sauver la Terre contre les pires effets du changement climatique. Leurs voix ont abouti au rapport des Nations Unies de juin 2010 préconisant une transition mondiale vers une alimentation sans viande ni produits laitiers, faisant écho à l'appel urgent du Maître Suprême Ching Hai : **tous ceux ayant le pouvoir de décider devraient prendre la décision courageuse de promulguer des lois qui faciliteront immédiatement ce changement.**

Peut-être encore plus dévastatrices que notre empreinte carbone qui a causé la crise climatique sont les traces sanglantes que nous laissons derrière nous chaque année à travers l'abattage de milliards d'animaux d'élevage innocents. Le Maître Suprême Ching Hai prévient que ce crime moral a atteint des proportions mondiales, tandis que nos actes violents nous reviennent sous la forme de catastrophes naturelles : « Vous récoltez ce que vous semez ! ». Tel est l'enseignement universel de toutes les grandes Écritures du monde.

L'humanité est bel et bien confrontée à un tournant crucial. Nous n'avons qu'une seule chance de sauver la planète, et c'est maintenant qu'il faut agir. En adoptant simplement l'alimentation bienveillante à base de végétaux qui sauve des vies, nous pouvons dissiper les ténèbres qui nous envahissent. Et ce petit pas, à son tour, propulsera l'humanité vers un niveau de conscience supérieur. Nous rétablirons l'harmonie sur la planète Terre, et entrerons ainsi dans l'Ère d'Or de la paix, de la beauté et de l'amour. Comme le Maître Suprême Ching Hai le promet, nous aurons alors le paradis sur Terre.

Saisissons tous cette occasion et opérons le changement dès aujourd'hui. Faisons tous le choix d'évoluer et d'élever notre civilisation, ainsi que la planète.

La rédaction

Notes de l'éditeur :

Ce livre contient des extraits non modifiés des interventions du Maître Suprême Ching Hai lors de conférences vidéo et de rencontres internationales avec des disciples, ainsi que d'entretiens avec des journalistes. Pour les références de ces sources, veuillez consulter la « Bibliographie des interventions du Maître Suprême Ching Hai » en page 153.

Pour parler de Dieu ou de l'Esprit Suprême, le Maître Suprême Ching Hai utilise les termes non-sexistes suivants afin éviter toute discussion sur le fait de savoir si, à propos de Dieu, il convient de dire Elle ou Il :

Elle + Il = Ielle

Elle + Lui = Ellui
Le + La = Le/La

Exemple : Dieu est omniprésent, Ielle est en toute chose. Nous devrions nous en remettre à Ellui, et Le/La vénérer.

En tant que créatrice d'œuvres artistiques et enseignante spirituelle, le Maître Suprême Ching Hai aime toutes les expressions de la beauté intérieure. C'est pour cette raison qu'elle appelle le Vietnam « Âu Lạc » et Taiwan, « Formose ». Âu Lạc est l'ancien nom du Vietnam qui signifie « bonheur ». Et le nom Formose – qui signifie « beau » – reflète plus complètement la beauté de l'île et de son peuple. Le Maître Suprême Ching Hai estime qu'utiliser ces noms apporte élévation spirituelle et chance à ces terres et à leurs habitants.

UNE BRÈVE BIOGRAPHIE DU MAÎTRE SUPRÊME CHING HAI

Le Maître Suprême Ching Hai est une humanitaire de renommée mondiale, écologiste, auteure, artiste, créatrice, musicienne, metteuse en scène et maître spirituel dont l'amour et les soins pour l'humanité s'étendent au-delà de toutes les frontières raciales et nationales. Depuis le début des années 1980, elle a également été l'une des plus dévouées pionnières écologiques de notre planète, promouvant la protection de l'environnement, la préservation de la biodiversité, le reboisement, le mode de vie durable et, surtout, l'alimentation végétalienne biologique – le moyen le plus rapide et le plus efficace de résoudre la crise climatique.

Avec une détermination sans faille, elle consacre son temps et ses ressources pour que le monde prenne conscience de l'impact désastreux du changement climatique, ainsi que de la solution végétalienne. Entre 2006 et 2008, elle a lancé les campagnes de sensibilisation « Mode de Vie Alternatif » et « SOS réchauffement mondial », et a inspiré la création de Loving Hut, une chaîne internationale de restaurants végétaliens qui connaît la plus forte croissance dans le monde, avec l'aide de l'Association Internationale du Maître Suprême Ching Hai, une ONG inspirée par son exemple. Elle publie également un magazine d'informations, écrit des livres, a produit en 2005 le documentaire végétalien *Les vrais héros*, ainsi que la série télévisée *Le Roi et Cie,* diffusée sur Supreme Master Television, une chaîne internationale accessible 24 h/24 et 7 j/7 par satellite, qui présente des informations exhaustives sur le changement climatique, le régime végétalien et d'autres sujets stimulants. Depuis 2007, le Maître Suprême Ching Hai a également partagé ses connaissances avec des experts environnementaux, des dirigeants gouvernementaux, des personnalités et des citoyens préoccupés dans le cadre de 29 conférences organisées dans 15 pays et diffusées en direct à la radio et à la télévision par satellite. Par ces efforts, sa devise « Soyez Végé, Devenez Écolo Pour sauver la Planète » s'est répandue dans le monde entier, donnant à l'humanité l'inspiration d'adopter le mode de vie végétalien, sain et durable, et ainsi d'évoluer vers un état supérieur de paix et d'harmonie.

Par son tendre exemple, le Maître Suprême Ching Hai nous rappelle aussi notre bonté et notre amour intérieurs pour l'ensemble des créations de Dieu. Les connaissances profondes qu'elle a acquises à travers son accomplissement spirituel lui ont permis d'identifier la cause profonde de la souffrance humaine, de la discorde sociale et de la dégradation de l'environnement : la violence que nous infligeons aux autres êtres, y compris à nos amis innocents, les animaux. Par compassion pour les faibles et les sans-voix, le Maître Suprême Ching Hai a ainsi écrit les best-sellers n°1 internationaux *Les Oiseaux dans Ma Vie*, *Les Chiens dans Ma Vie* et *Les Nobles de la Nature*. Ces bijoux littéraires, disponibles en plusieurs langues, révèlent les pensées et sentiments profonds de nos cohabitants les précieux animaux, en soulignant leur nature divine et leur amour inconditionnel.

Née dans le centre de l'Âu Lạc (Vietnam), le Maître Suprême Ching Hai a étudié en Europe, où elle a travaillé pour la Croix-Rouge. C'est alors qu'elle a réalisé que la souffrance existait dans tous les endroits de la planète, et son désir de trouver un remède devint le but premier de sa vie. Cela l'a amenée à entreprendre un voyage dans l'Himalaya à la recherche de l'illumination spirituelle. Elle a finalement reçu la transmission divine de la Lumière et du Son intérieurs qu'elle a appelé, par la suite, la Méthode Quan Yin. Après une période de pratique assidue, le Maître Suprême Ching Hai a atteint la grande Illumination. Peu après son retour de l'Himalaya, et à la demande pressante de son entourage, elle partagea la Méthode Quan Yin avec d'autres, en les encourageant à porter leur regard à l'intérieur d'eux-mêmes pour trouver leur propre grandeur divine. Les invitations ne tardèrent pas à arriver des États-Unis, d'Europe, d'Asie, d'Australie, d'Afrique, ainsi que des Nations Unies pour qu'elle y donne des conférences. Le cœur compatissant du Maître Suprême Ching Hai se reflète également dans son attention sincère envers les moins fortunés. Les revenus générés par ses créations artistiques lui permettent de soutenir sa mission de réconfort auprès des enfants de Dieu en périodes de besoin, dans le cadre d'actions internationales de secours et de charité.

Bien que ne recherchant en aucune façon la reconnaissance pour son aide inconditionnelle, le Maître Suprême Ching Hai a reçu de nombreux prix de la part de représentants de gouvernements et d'organisations privées du monde entier. Parmi ces distinctions figurent le Prix de la Paix Mondiale, le Prix du Leadership Spirituel Mondial, le Prix de la Promotion des Droits de l'Homme, le Prix humanitaire du Citoyen du Monde, le Prix du Service Public Exceptionnel rendu à l'Humanité, le Prix Gusi de la Paix 2006, le Certificat d'honneur de la semaine musicale de Los Angeles, la première place d'argent du 27e Telly Awards 2006, le Prix Présidentiel du Mode de Vie Actif de l'ancien président américain George W. Bush, et le Prix du Service Volontaire 2010 décerné par le président Barack Obama.

En outre, le 22 février et le 25 octobre ont été proclamés « Journée du Maître Suprême Ching Hai » aux États-Unis par les représentants du gouvernement d'Hawaï et de l'Illinois. Des messages de félicitations lui ont été adressés lors de la cérémonie de proclamation dans l'Illinois par les anciens présidents américains Clinton, Bush et Reagan. Et afin de féliciter les personnes vertueuses et d'inspirer les autres par leurs exemples, le Maître Suprême Ching Hai a également créé la série des Brillants Prix Mondiaux, reconnaissant les humains ainsi que les animaux méritants pour leur héroïsme, leur compassion, leur leadership, leur courage ou leur intelligence exceptionnels.

Le Maître Suprême Ching Hai consacre ainsi généreusement sa vie à la création d'un bel avenir pour notre chère planète et ses précieux cohabitants. Tout au long de l'histoire, les grands visionnaires ont eu des rêves, et le Maître Suprême Ching Hai exprime le sien comme suit : « Je rêve que le monde entier devienne pacifique. Je rêve que toutes les tueries prennent fin. Je rêve que tous les enfants puissent marcher en paix et en harmonie. Je rêve que toutes les nations se serrent la main, se protègent et s'entraident. Je rêve que notre belle planète ne soit pas détruite. Il a fallu des milliards d'années pour créer cette belle et si merveilleuse planète. Je rêve qu'elle continue d'exister, mais dans la paix, la beauté et l'amour. »

Comme je voudrais vraiment étreindre les dirigeants et les non-dirigeants, les gens de ce monde et leur dire : « Réveillez-vous ». Je veux étreindre chacun et lui dire : « Réveille-toi, réveille-toi. Réveille-toi, mon amour ; réveille-toi mon ami, sauve ta vie ».

Un plaidoyer personnel du Maître Suprême Ching Hai aux dirigeants du monde

Je suis très reconnaissante envers les dirigeants courageux de ce monde, qui sortent de leurs frontières et parlent sans détour pour le bien de tout le monde. Même si le public n'apprécie pas leur bonne volonté, le Ciel en prendra note et ils auront une grande récompense dans l'au-delà. Il est bien sûr très difficile d'être en position d'autorité.

Être un dirigeant, c'est être doté de courage, de compassion et de noblesse. C'est pour cela que vous êtes un dirigeant. Bien sûr, ce n'est pas facile d'être dans la position de dirigeant, c'est pourquoi les dirigeants sont rares. Vous voyez, dans une nation il y a seulement un roi, une reine, des princesses, des princes, un président, un premier ministre : très peu de dirigeants, comparé à la multitude de ce monde. Mais il y a encore moins de dirigeants courageux, de dirigeants braves, de dirigeants justes et de dirigeants sages.

À ces dirigeants sages et courageux, nous offrons tout notre soutien et notre respect. Nous prions pour que le Ciel leur donne plus de force et de sagesse afin de mener à bien leur noble devoir, car comme je vous l'ai dit, les dirigeants sont peu nombreux. Et ceux qui sont sages et courageux sont encore plus rares. Être dirigeant nous oblige à savoir ce qui est bon pour nos sujets et ce qui ne l'est pas. Et ce qui est bon, nous devons les encourager à le faire, les aider à le faire. Et ce qui est mauvais, nous devons l'interrompre pour les protéger. C'est le vrai sens du mot dirigeant.

Promouvoir le mode de vie sans produits animaux qui profite à tous

Le meilleur des gouvernements devrait promouvoir les politiques bénéfiques aux gens ordinaires et à tous les peuples. Pour être efficaces, les gouvernements doivent maintenant se rendre compte que la situation est particulière, et exige donc des mesures exceptionnelles.

Je suggère à tous les dirigeants et gouvernements du monde de promouvoir, s'il vous plaît, le style de vie sans produits animaux, et rapidement afin que nous puissions sauver notre planète.

Nous n'avons pas de temps ; il ne reste plus beaucoup de temps. Ce n'est même plus une question de politique. Il s'agit de notre survie et de celle de nos enfants. Si tous les gouvernements encouragent les gens à adopter une saine alimentation sans produits animaux, la planète pourrait être sauvée en un rien de temps.

Les activités qui sont bonnes pour notre Terre peuvent aussi générer des moyens de subsistance. Nous avons une pénurie de nourriture ; le gouvernement peut donc facilement soutenir les agriculteurs biologiques végétaliens et le développement d'autres pratiques écologiques. Cela aidera grandement. Le gouvernement doit définir des priorités : sauver la planète, l'agriculture biologique, les subventions.

À tous les dirigeants, je demande une fois de plus de mettre en avant leur amour pour leurs compatriotes et tous les enfants, afin qu'ils acceptent avec courage l'acte qui doit être accompli, et qu'ils utilisent le puissant pouvoir mis entre leurs mains, confié par la population pour sauver le monde.

L'industrie mondiale de l'élevage contribue désormais presque autant au réchauffement climatique que le secteur de l'énergie, ou même davantage. Et je sais qu'elle y contribue au moins à 80 %. La production de viande épuise l'eau de votre population, nuit à sa santé, la pousse à la guerre et engendre de nouvelles maladies mortelles chaque jour.

Elle tue votre peuple. Vous seuls pouvez l'arrêter.

Ils ont besoin de votre brillant et héroïque exemple végétalien, parce qu'ils comptent vraiment sur leurs gouvernements et leurs dirigeants.

Des lois et des campagnes sur l'agriculture biologique végétalienne faciliteraient grandement le grand passage nécessaire à un mode de vie végétalien.

Vos concitoyens et vos sujets vous apprécieront, vous loueront, vous aimeront, vous soutiendront et se souviendront de vous pour avoir sauvé le monde, pour avoir sauvé leurs vies et celles de leurs proches, ainsi que celles de leurs enfants à venir. Et le Ciel vous récompensera grandement.

Conduisez le changement végétalien, faites la promotion du pardon et de la paix ; ainsi s'estomperont tous les autres problèmes comme la pauvreté, les conflits et même la crise financière et les pandémies.

Je vous remercie, dirigeants des nations, pour tous les efforts faits dans ce sens jusqu'à présent.

Nous faisons tous partie de la solution

Mais si vous me le permettez, je dois dire avec honnêteté que ce que nous faisons et prévoyons actuellement ne suffit pas et n'est pas assez rapide. Je vous souhaite du courage et de la foi pour faire plus et plus vite.

Aux organisations mondiales, dont les médias, qui comprennent la force d'un mouvement social, j'adresse mes remerciements pour votre travail qui informe et encourage les gens vers le style de vie végétalien sans produits animaux, qui est à la fois passionnant, sans cruauté, bénéfique et élégant.

Aux individus, je leur dis merci de faire votre part pour sauver notre planète, mais s'il vous plaît, faites-le à temps, nous avons plus à faire et nous avons peu de temps.

Nous devons continuer à appeler nos dirigeants, nos concitoyens et nos voisins à changer, à devenir végétaliens pour qu'ils puissent sauver leur vie, celles de leur famille, de leurs enfants et des animaux, et tout ce qu'ils jugent digne de vivre.

Nous ne pourrons sortir du danger qu'en prenant la bonne direction. Notre maison est en feu, mais le tuyau d'eau est juste là, devant nous. **Il suffit de le ramasser et de l'utiliser. C'est aussi simple que cela. Soyez simplement végétaliens. Et s'il vous plaît, soyez rapides. Nos jours sont comptés.**

À toute l'humanité, le Ciel vous aime tant. Plus que jamais nous avons de l'espoir pour la survie de la planète. Nous devrions nous ouvrir à imaginer une nouvelle planète compatissante et végétalienne, pleine d'énergie aimante, de gentillesse et de bénédictions sans fin venant du Ciel.

Je prie pour que vous continuiez tous dans cette direction de paix qui est à notre portée. Merci beaucoup à vous tous. Merci.

Si tout le monde arrêtait de manger de la viande
à cet instant, le climat deviendrait bienveillant dans
un délai de 8 semaines. Tout ce qui a été endommagé
retournerait à la normale en 8 semaines. Si tout le monde
sur la planète arrêtait de manger de la viande et adoptait
un cœur compatissant, alors le résultat serait immédiat.

1 La solution végétalienne pour sauver le monde

En cette heure, il y a urgence. Premièrement, nous devons stopper le réchauffement climatique afin de survivre. Le végétalisme est la seule solution pour un effet global immédiat concernant tous les problèmes de la planète : l'environnement, la survie, la santé, l'économie, etc.

Je crois que notre planète est au seuil de changements constructifs pour le bien de tous les habitants, y compris les animaux, les arbres et les plantes.

Si nous saisissons cette occasion pour travailler ensemble au changement de nos mauvaises habitudes, comme la consommation de viande, de drogues, de cigarettes, et l'abus d'alcool de la même manière que de nombreux pays ont mis fin à l'habitude de fumer, nous pouvons nous unir comme un seul en témoignant immédiatement du grand changement miraculeux qui aura lieu sur notre planète.

I. Une urgence planétaire

L'heure est à l'urgence

« L'heure est tardive ; il est temps de décider.
Je suis certain que vous ferez un choix avec sagesse.
En parlant des questions du réchauffement climatique,
les scientifiques ont été très clairs. » [1]

— Ban Ki-moon

« Nous avons une crise climatique
qui est une urgence planétaire. »

— Al Gore

Les scientifiques du monde entier craignent que si nous dépassons certains points de non-retour, les prochaines étapes du changement climatique seront non seulement rapides, mais irréversibles et catastrophiques. Il y a déjà des signes évidents de cette période dangereuse qui approche par l'observation des lacs et d'autres sites, où bouillonne du méthane qui était stocké en toute sécurité au-dessous d'une couche gelée de la Terre.

Personne ne sait quand le jour viendra où d'énormes quantités de ce gaz seront libérées, provoquant une hausse soudaine de la température, ce qui pourrait alors catalyser un réchauffement incontrôlable. Ce serait catastrophique pour nous.

D'autres effets dévastateurs du changement climatique sont déjà en cours : les glaces de l'Arctique qui réfléchissent la chaleur pourraient disparaître complètement lors d'un été très proche ; le niveau des mers s'élève et des dizaines d'îles ont été submergées ou sont menacées ; des régions océaniques dépourvues de vie à cause des zones mortes deviennent trop acides pour être habitables en raison des concentrations excessives de CO_2 ; les feux de forêt meurtriers sont plus fréquents ; des espèces sauvages entières sont en voie d'extinction, 100 fois plus rapidement qu'à la normale ; les tempêtes sont plus intenses et destructrices ; les moustiques vecteurs de maladies se propagent dans les régions qui se réchauffent ; les glaciers de la planète disparaissent ; des lacs et des rivières s'assèchent ou disparaissent par dizaines de milliers et les déserts s'étendent.

La conséquence de ces impacts sur l'environnement est que 2 milliards de personnes font face à des pénuries d'eau, et que 20 millions sont dans un état désespéré – tels des réfugiés sans aucune protection officielle.

Et presque toujours, ce sont vraiment les conséquences des actions violentes des humains, et l'action n°1 est la consommation de viande.

En outre, l'industrie de l'élevage entraîne une grande partie de l'érosion des sols dans le monde. C'est l'un des moteurs de la désertification, de la perte de la biodiversité, du gaspillage et de la pollution de l'eau, alors que l'eau se raréfie chaque jour à cause du réchauffement de la planète. De plus, le secteur de l'élevage épuise inefficacement nos combustibles fossiles et nos ressources alimentaires de céréales. En bref, on perd 12 fois plus de céréales, au moins 10 fois plus d'eau et 8 fois plus d'énergie fossile pour produire une portion de viande bovine par rapport à une quantité nutritionnelle similaire ou même supérieure de nourriture végétalienne !

L'ÉLEVAGE : LA PRINCIPALE CAUSE DE LA CRISE MONDIALE

La seule façon d'éviter la catastrophe climatique jusqu'au « point de non-retour » est d'agir sur la cause la plus désastreuse influant sur le climat : la production de viande. À présent, nous avons toutes les preuves, toutes les informations pour dire cela en toute certitude. **Le secteur de l'élevage est le principal générateur de gaz à effet de serre.**

Les dernières conclusions publiées par les Nations Unies en 2006 nous ont montré que l'industrie de l'élevage générait plus d'émissions de gaz à effet de serre que tous les secteurs combinés des transports à travers le monde : avions, trains, voitures, motos, etc.[2] **Des calculs actualisés nous disent que l'industrie de l'élevage est responsable d'au moins 50 % du réchauffement planétaire.**[3]

> « Notre analyse montre que l'élevage et ses dérivés génèrent en fait au moins 32 564 millions de tonnes de CO_2 par an, soit 51 % des émissions annuelles de GES dans le monde entier. »[4]
>
> — *Worldwatch Institute*

LE MÉTHANE EST PLUS PUISSANT QUE LE CO_2

L'élevage est le principal émetteur de méthane causé par l'homme, et le méthane a non seulement 72 fois la capacité de piégeage de la chaleur, mais c'est aussi un gaz de plus courte durée de vie. Cela signifie qu'il quitte l'atmosphère beaucoup plus rapidement que le CO_2, en seulement une décennie, contre des milliers d'années pour le CO_2. Par conséquent, l'élimination du méthane en supprimant l'élevage est le moyen le plus rapide de refroidir la planète.

Oui, nous devons nous attaquer au plus important des émetteurs.

Je prie tous les sages dirigeants de mettre fin à la pratique mortelle de la production de viande, qui est la principale force qui nous conduit vers le point de non-retour en ce moment. Sinon, tous les autres efforts visant à dé-carboniser nos économies seront annulés, ou n'auront jamais la chance de se matérialiser en premier lieu.

Nous allons détruire le monde si nous n'arrêtons pas de manger
et de produire de la viande et d'autres produits animaux.

II. NOS CHOIX ALIMENTAIRES SONT UNE QUESTION DE VIE OU DE MORT

NOUS SOMMES EN TRAIN DE DÉVORER LA PLANÈTE

Si la consommation de viande n'est pas interdite ou limitée, toute la planète disparaîtra. C'est une question de vie ou de mort pour tout le monde ; ce n'est pas un choix personnel. Et quand nous mangeons de la viande, nous mangeons toute la planète, nous mangeons jusqu'à 90 % de l'approvisionnement alimentaire et laissons les autres souffrir de faim.[5] Ce n'est pas du tout un choix nécessaire.

Même avant l'urgence planétaire, les mangeurs de viande mangeaient toute la planète, mangeaient tellement de nourriture que cela a abouti à la faim et à la guerre ; cela n'a jamais été un bon choix en premier lieu.

« Si nous ne modifions pas nos choix alimentaires, rien d'autre ne compte, car c'est la viande qui détruit la plupart de nos forêts. C'est la viande qui pollue les eaux. C'est la viande qui crée les maladies, ce qui conduit tout notre argent à être détourné vers les hôpitaux. C'est donc le premier choix à faire pour quiconque veut sauver la Terre. » [6]

— Maneka Gandhi

Toutes ces situations [de réchauffement climatique] sont de pire en pire et ne s'arrêteront pas avant que nous ayons vraiment changé notre façon de vivre nos vies. La solution est très simple : il suffit de cesser de manger de la viande, c'est la meilleure solution. C'est désormais impératif, compte tenu de la situation périlleuse de notre planète et de notre temps limité.

Arrêter la production de viande diminuera les émissions de gaz à effet de serre le plus rapidement possible et fera cesser les dommages épouvantables sur l'environnement, allant du changement climatique à une mauvaise utilisation des terres et de l'eau, la pollution, la perte de faune sauvage, et les menaces sur la santé humaine.

En plus d'arrêter 50 % [du réchauffement climatique] - je veux dire même plus que cela, car c'est juste une estimation très conservatrice - il y a de nombreux autres avantages essentiels. Cela résout notre problème de pénurie d'eau, notre crise de la faim dans le monde, la dégradation des terres et le problème de la pollution.

Si vous le comparez à un régime végétalien, un régime carné utilise 17 fois plus de terres, 14 fois plus d'eau et 10 fois plus d'énergie.[7] Nous produisons suffisamment de céréales pour nourrir abondamment toute la population humaine. Pourtant, un milliard de personnes souffrent de la faim, et 6 millions d'enfants meurent chaque année - soit un enfant toutes les cinq secondes - alors que nous avons une abondance de nourriture pour alimenter toute la population mondiale et encore plus, même deux fois plus[8] ! D'autre part, environ un milliard de personnes souffrent d'obésité et de maladies associées, qui sont liées à la nourriture, car ces personnes s'alimentent trop ou mangent trop de viande.

Il y a donc beaucoup de raisons pratiques d'être végétalien, en dehors de la nature compatissante qui est cultivée en préservant toute vie. Ceci est important aussi, mais si les gens commencent par le régime végétalien, la prise en compte de toute vie viendra aussi par la suite.

L'ONU appelle à un mouvement mondial vers un régime sans viande ni produit laitier :

« Les impacts de l'agriculture devraient se renforcer sensiblement en raison de la croissance de la population qui augmentera la consommation de produits animaux. Une réduction substantielle des impacts ne serait possible qu'au moyen d'un changement de régime alimentaire dans le monde entier important et basé sur autre chose que les produits d'origine animale. » [9]

LE RÉGIME VÉGÉTALIEN : LA SOLUTION LA PLUS RAPIDE

« Les mesures visant à remplacer les produits du bétail peuvent non seulement permettre des réductions rapides des émissions de GES dans l'atmosphère, mais peuvent aussi inverser la crise alimentaire et la crise de l'eau dans le monde. » [10]

— Worldwatch Institute

Être végétalien aura pour effet immédiat d'éliminer le méthane de l'atmosphère ; ce gaz à effet de serre présente l'un des effets de rétention de la chaleur les plus importants, puisqu'il a jusqu'à 72 fois l'effet réchauffant du dioxyde de carbone.[11] Être végétalien va sûrement ralentir la désertification et préserver vos ressources naturelles, comme les lacs et les rivières, et protéger vos forêts.

Vous pouvez également recourir à d'autres mesures écologiques, comme la plantation d'arbres ou l'adoption de technologies vertes, mais celles-ci prennent plus de temps pour avoir un effet. Le régime végétalien est le plus rapide et réduit également le mauvais karma lié au fait de tuer ; c'est donc lui le plus important.

Nous conservons 70 % de l'eau propre, évitons que 70 % de la forêt amazonienne ne soit rasée pour le pâturage des animaux.[12] **Et cela**

libèrera jusqu'à 3,5 millions d'hectares de terres chaque année. Cela économisera 760 millions de tonnes de céréales chaque année – la moitié de l'offre mondiale de céréales, pouvez-vous imaginer cela[13] ? Cela réduit la consommation des combustibles fossiles de 2/3 par rapport à ce qui est utilisé pour la production de viande ; cela réduit la pollution due aux déchets animaux non traités ; cela maintient l'air pur et réduit de 4,5 tonnes par an les émissions d'un ménage américain. Et cela arrêtera 80 % du réchauffement climatique.[14]

À propos des économies financières, des chercheurs aux Pays-Bas ont révélé que 80 % des 4 000 milliards de dollars nécessaires pour arrêter le réchauffement climatique pourrait être économisé avec le régime végétalien ! C'est une économie de 32 000 milliards de dollars qui serait réalisée grâce à une mesure simple consistant à se détourner de la viande et à manger des produits à base végétale.[15]

La Terre possède un mécanisme pour se réparer. C'est juste que nous surchargeons la planète. Nous polluons trop, et créons du karma trop meurtrier. Par conséquent, la Terre ne peut même pas se réparer à cause du mauvais karma des habitants. Dès que nous effacerons cette mauvaise rétribution liée à l'effet de tuer, alors la Terre tournera rond, et sera en mesure de se réparer, et de reproduire et maintenir la vie. Tout se produit à cause du mauvais karma. Nous surchargeons la capacité de la Terre, donc nous devons inverser nos actions. C'est tout ce qu'il y a à faire.

Ensuite, nous sauverons la Terre, sauverons nos vies et la vie de nos enfants ainsi que celles des animaux. La Terre deviendra un paradis. Personne ne manquera de rien. Personne ne souffrira de la faim. Pas de guerre, ni de maladie, ni de catastrophe, ni de réchauffement planétaire, plus rien d'autre que la paix, le bonheur et l'abondance. Au nom du Bouddha, je promets qu'il en sera ainsi.

Tuer des animaux apporte un mauvais karma

« Vous récolterez ce que vous avez semé. » « Qui se ressemble s'assemble. » Scientifiquement parlant et spirituellement parlant, nous avons été prévenus. Ainsi, toutes les catastrophes qui ont eu lieu partout sur la planète sont bien sûr liées à la méchanceté de l'homme envers ses cohabitants. C'est le prix que nous devons payer pour ce que nous avons fait aux innocents qui ne nous ont fait aucun mal, qui sont aussi les enfants de Dieu et qui ont été envoyés sur Terre pour nous aider et égayer nos jours.

Ce n'est pas sur le problème technique ; ce n'est pas sur la réparation technique que nous devons nous concentrer ; c'est à la rétribution et à la cause que nous devons prêter attention. Le coût de la tuerie et de la violence est bien pire que n'importe quelle explosion de voiture, explosion solaire ou autre explosion océanique combinées, parce que nous devons être responsables de nos actes. Toute action provoque une contre-réaction. Il nous faut donc juste nous arrêter de tuer. Nous devons simplement arrêter de tuer les animaux et les hommes.

Nous devons arrêter cela. Ensuite tout le reste s'éclaircira d'un seul coup.

Nous trouverons de meilleurs moyens techniques pour régler le problème du climat. Les taches solaires pourraient même cesser d'exploser. Les explosions dans les océans pourraient cesser. Les typhons pourraient s'arrêter. Les cyclones se tairont. Les tremblements de terre disparaîtront tout simplement. Tout le reste se tournera vers un mode de vie pacifique, car en créant la paix nous obtiendrons la paix, non seulement entre les humains, mais aussi entre tous les cohabitants. C'est pourquoi je continue d'insister sur le régime végétalien. C'est le code moral de l'être humain. C'est la marque d'une grande humanité.

L'ÉNERGIE COMPATISSANTE PEUT TOUT CHANGER

Le régime végétalien est bienveillant, et vous apportera donc une énergie heureuse qui, à son tour, produira et attirera plus de bonheur. Et lorsque vous êtes heureux, tout devient mieux : vous pensez mieux, vous réagissez mieux, votre vie devient meilleure. Vos enfants deviendront meilleurs et tout ira pour le mieux.

Et le pouvoir collectif, positif et aimant du monde entier repoussera l'obscurité qui vient vers nous, et nous fait face en ce moment. C'est la seule solution que j'ai.

Vous voyez, nous avons l'énergie de tout changer, nous avons le pouvoir d'ordonner ce qui se passe autour de nous, mais nous devons l'utiliser. Nous devons l'utiliser pour le bien de tous. Nous devons l'utiliser pour le bénéfice de tous les êtres de cette planète. Notre pensée et notre action doivent envoyer un message à l'énergie universelle que nous voulons un monde meilleur, une vie plus sûre et un monde qui soit sauvé. Ensuite, l'énergie universelle se conformera exactement à cela.

Mais nous devons agir en résonance avec cette énergie. Si nous voulons de bonnes choses, alors nous devons faire le bien. Si nous voulons la vie, nous devons épargner la vie. Ainsi la bonne énergie que nous créons peut faire ces choses, et davantage de merveilles. L'atmosphère de compassion et d'amour que nous et le monde entier produisons peut faire et fera plus de miracles pour nous.

Nous créons tout ce que nous voulons si nous vivons conformément à la loi de l'univers. Tel est le pouvoir d'être simplement végétalien. Cela signifie que nous épargnons la vie, que nous voulons la vie, que nous voulons de l'énergie constructive, que nous ne voulons plus de destruction. La réponse est donc végétalienne.

Plus l'homme sera spirituellement élevé, alors bien sûr, plus le réchauffement climatique diminuera. Lorsque l'humanité s'élèvera spirituellement et aura davantage d'amour pour tout, pour tous les êtres, pour toutes les situations et tout ce qui l'entoure, alors le réchauffement climatique se réduira de jour en jour et disparaîtra complètement. Après cela, tout le monde vivra dans la paix et le bonheur, et nous nous aimerons les uns les autres. Mais tout le monde doit se réveiller.

Je suis sûre que notre Terre atteindra un niveau de conscience supérieur et que nous verrons des miracles en vertu de la miséricorde du Ciel.

2 Les signes avant-coureurs pour éveiller l'humanité

En raison de l'état critique de la planète, si nous n'agissons pas rapidement, il se pourrait même qu'il ne reste plus rien de ce que nous voulions protéger. À ce moment-là, il sera peut-être trop tard. Nous ne pouvons pas poursuivre cette tendance pour toujours et arrêter quand nous le voudrons si nous souhaitons sauver la planète. Je suis désolée de dire que le temps nous est compté.

I. La situation est pire que le pire des scénarios

Le cours actuel de notre changement climatique est pire que le pire des scénarios projetés par le Groupe d'experts intergouvernemental sur l'évolution du climat des Nations Unies (GIEC), avec les effets nuisibles et souvent mortels qui sont déjà observés à travers des événements aussi extrêmes que les ouragans, les inondations, les sécheresses et les canicules.

Même si le monde réduisait les émissions de gaz à effet de serre, il faudrait du temps à la planète pour se remettre des gaz qui sont déjà dans l'atmosphère.

C'est pourquoi il est nécessaire de se concentrer sur les gaz à courte durée de vie, à savoir le méthane. Sur une période de 20 ans, le méthane piège en moyenne au moins 72 fois plus de chaleur que le CO_2. La plus grande source de méthane, c'est l'industrie de l'élevage ; celle-ci est donc l'une des causes principales du réchauffement planétaire que l'on doit arrêter.

Mais d'abord, permettez-moi de partager certaines preuves récentes des impacts du changement climatique sur la vie des humains et des animaux.

Fonte des glaces de l'Arctique et de l'Antarctique

La fonte de l'Arctique

L'Arctique, ou pôle Nord, pourrait avoir perdu toute sa glace d'ici 2012, soit 70 ans avant les évaluations du GIEC. Sans la glace protectrice reflétant la lumière du soleil, 90 % de la chaleur du soleil peut pénétrer dans les eaux profondes, accélérant ainsi le réchauffement planétaire.[16]

La transformation de la glace arctique est tragique ; les climatologues disent qu'à présent, seulement 10 % de la glace est ancienne et épaisse, alors que plus de 90 % est nouvellement formée et mince.[17]

La « boucle de rétroaction » et l'emballement du réchauffement mondial

Si l'eau de mer est plus chaude, alors la glace fondra plus vite. Et dès que la glace aura fondu, la chaleur ne sera plus réfléchie dans l'espace. Par conséquent, la chaleur fera aussi fondre la glace et réchauffera l'eau davantage. Et toutes deux feront fondre plus de glace et réchaufferont plus la planète. Vous voyez ce cercle vicieux.

C'est pourquoi les scientifiques ne pouvaient pas l'estimer correctement avant, mais ils sont désormais très vigilants. Ils surveillent bien la situation. C'est juste que nous n'agissons pas assez vite.[18]

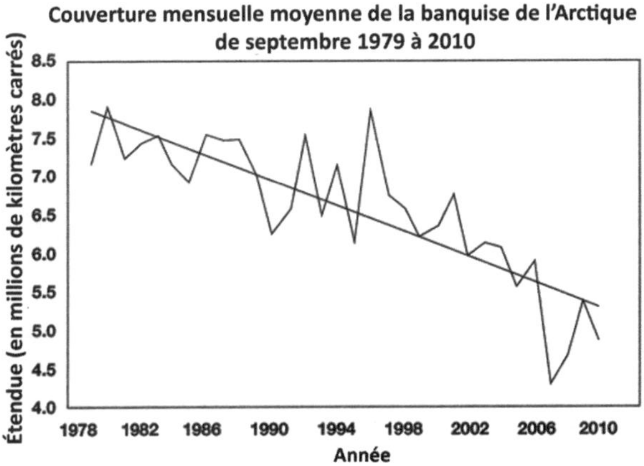

Source : Centre national de données sur la neige et la glace, http://nsidc.org/arcticseaicenews/index.html

La fonte des glaces du Groenland et de l'Antarctique

Alors que les énormes calottes glaciaires du Groenland et de l'Antarctique continuent de fondre, une hausse catastrophique du niveau des mers et des tempêtes plus fortes devraient s'en suivre. Si toute la glace de l'Antarctique occidental fond, le niveau des eaux augmentera en moyenne d'au moins 3,3 à 3,5 mètres[19], affectant ainsi plus de 3,2 milliards de gens – soit la moitié de la population mondiale – qui vivent à moins de 320 km du littoral.

Les scientifiques américains du Centre national de données sur la neige et la glace disent maintenant que si tout l'Antarctique devait fondre, le niveau de la mer pourrait s'élever beaucoup plus haut que prévu – certains disent jusqu'à 70 mètres –, ce qui signifie des conditions plus mortelles pour toutes les vies sur Terre.[20]

- **Terres submergées et réfugiés climatiques**

À cause de l'élévation du niveau de la mer, des îles sombrent au moment où nous parlons, et Tuvalu, Tonga et près de 40 autres pays insulaires doivent planifier la migration de leur pays tout entier.

Un rapport de l'Organisation Internationale pour les Migrations a indiqué que 200 millions de gens, voire 1 milliard, pourraient devenir des réfugiés climatiques d'ici 2050 ou au cours même de notre vie.[21] Ces gens devront abandonner leurs îles ou leurs maisons se situant sur les côtes à cause de la montée du niveau des mers ou de la fonte du pergélisol qui conduit des communautés ou des nations entières à sombrer ou à s'effondrer.[22]

(Cf. annexe 1 sur les données relatives à l'élévation du niveau des mers et à ses effets à l'échelle mondiale.)

Projections de l'élévation du niveau des mers

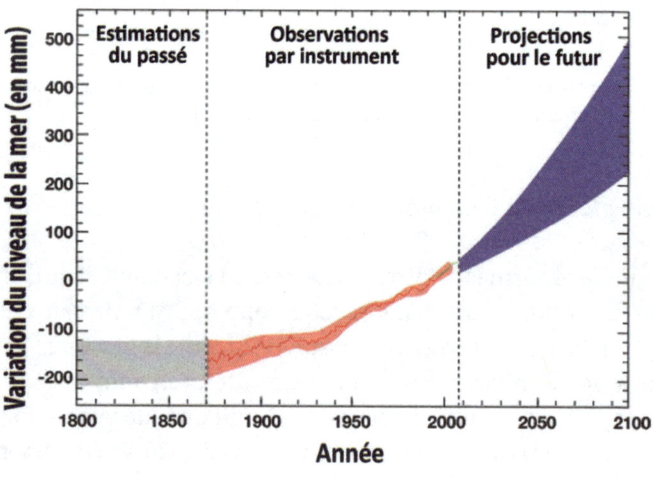

Source : GIEC, Quatrième rapport d'évaluation, 1 1 1, figure 1.

Hydrates de méthane : une bombe à retardement

Un autre changement arctique est le dégel du pergélisol, une couche de terre normalement gelée contenant des poches de méthane. Le dégel de cette couche au cours de ces dernières années a entraîné la libération du méthane, déclenchant une hausse brutale des niveaux atmosphériques depuis 2004.[23]

La poursuite du réchauffement planétaire au-delà d'une hausse de 2°C pourrait libérer des milliards de tonnes de méthane supplémentaires dans l'atmosphère, entraînant une extinction massive de vies sur cette planète.

> « Une augmentation de température de seulement quelques degrés conduirait ces gaz à se volatiliser et à 'éructer' dans l'atmosphère, ce qui augmenterait encore la température, et libérerait encore plus de méthane, réchauffant davantage la Terre et les mers, etc. Il y a 400 gigatonnes de méthane retenues dans la toundra gelée de l'Arctique – assez pour amorcer cette réaction en chaîne... Une fois déclenché, ce cycle pourrait conduire à un réchauffement mondial incontrôlable. » [24]
>
> — *John Atcheson, géologue*

Mais ce n'est pas seulement la montée de l'eau qui nous inquiète ; ce sont les gaz, le sulfure d'hydrogène et le méthane et toutes sortes de gaz contenus dans les océans.[25] Et cela fera aussi fondre plus de glace si le méthane est libéré du pergélisol, etc., et de l'océan aussi, et par tous les élevages d'animaux. Et cela continue de s'accumuler, et restera dans l'atmosphère pendant très longtemps.

Au point de non-retour, la descente deviendra alors incontrôlable ; aucun changement ne pourra plus avoir lieu. Plus rien ne pourra nous aider à ce moment-là. Il se pourrait que personne n'y survive, ou alors très peu de gens.

Une fois que la planète sera détruite, elle ressemblera à Mars, qui est inhabitable. Et cela prend des millions d'années, parfois des centaines de millions d'années pour qu'une planète s'en remette, si elle arrive à s'en remettre.

> Plus vite nous changerons, mieux ce sera ; ensuite nous pourrons arrêter le changement climatique. Et nous pourrons restaurer la planète très rapidement et en un rien de temps. Mais si nous ne changeons pas, alors la planète sera aussi détruite rapidement et en un rien de temps.

Recul des glaciers et pénurie d'eau

Effets de la fonte des glaciers

La plupart des glaciers de la planète auront disparu d'ici quelques décennies, menaçant la survie même de plus de 2 milliards de personnes. Un milliard d'humains souffriront des effets du recul des glaciers himalayens, lequel se produit à un rythme plus rapide que partout ailleurs dans le monde ; les deux tiers des 18 000 glaciers de la région sont ainsi en train de disparaître.[26] Les inondations et les glissements de terrains destructeurs sont les effets initiaux de la fonte des glaces. À mesure que le recul de la glace se poursuit, il en résulte une réduction des pluies, des sécheresses dévastatrices et des pénuries d'eau.[27]

L'état préoccupant des glaciers à travers le monde

Dans l'État du Montana, aux États-Unis, il est prévu que les fameux glaciers du Parc national de Glacier disparaissent d'ici une décennie.[28] Le fleuve Colorado, qui dépend de l'enneigement, fournit de l'eau à sept États de l'Ouest ; il est en train de s'assécher.[29]

Le Pérou est le foyer de 70 % de l'ensemble des glaciers andins, dont les sommets alimentent les habitants en eau et en énergie hydroélectrique. Ils pourraient tous disparaître d'ici 2015, c'est-à-dire dans à peine quelques années.[30]

(Cf. annexe 2 pour plus d'informations sur le recul mondial des glaciers.)

SURPÊCHE, ZONES MORTES ET ACIDIFICATION DES OCÉANS

La Commission Pew aux États-Unis a constaté que la surpêche est la plus grande menace pour les écosystèmes marins, suivie par le ruissellement agricole composé des effluents d'élevage et des engrais utilisés pour les cultures destinées aux animaux.[31]

Le changement climatique crée des zones de mer appelées zones mortes dont le nombre est désormais supérieur à 400. Cette multiplication est due aux écoulements d'engrais provenant largement de l'élevage, et contribuant au manque d'oxygène qui est nécessaire pour favoriser la vie.[32]

Eaux polluées par la marée rouge qui provoque des zones mortes à la plage de Copacabana, Rio de Janeiro, Brésil.

Les scientifiques estiment que plus de 90 % des gros poissons vivant dans les océans ont disparu au cours des 50 dernières années en raison de la pêche commerciale.[33]

Ils ont prévenu qu'au rythme actuel de la pêche, il y aura un effondrement mondial de toutes les espèces pêchées d'ici 2050, et ils demandent que des efforts de rétablissement soient immédiatement entrepris.[34]

Perte mondiale d'espèces marines :
tendance actuelle de l'effondrement des pêcheries

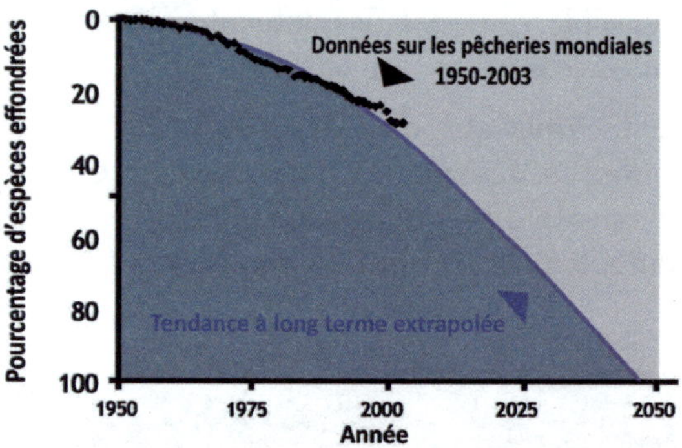

Source des données : B. Worm et al, « La perte accélérée des espèces océaniques menace le bien-être humain », *Science*, 3 novembre 2006, www.compassonline.org/pdf_files/WormEtAlSciencePR.pdf

L'absence de certaines espèces de poissons a augmenté l'acidité océanique, réduisant ainsi la capacité des océans à absorber le CO_2.

Les baleines et les dauphins disparaissent des océans car les conditions empirent et provoquent leur suffocation. Parfois par centaines, ils meurent ensemble sur les plages parce qu'ils ne peuvent plus tolérer cette toxicité de l'eau de mer.[35]

Conditions météorologiques extrêmes

La dernière décennie a connu au moins deux records de températures annuelles jamais enregistrées dans l'histoire de notre planète. En 2003, une canicule record a frappé l'Europe, emportant des dizaines de milliers de vies. Des vagues de chaleur ont aussi précédé les pires feux de l'histoire de l'Australie.[36]

L'État de Puebla au Mexique a connu une recrudescence des feux de forêt au cours des années passées ; les précipitations ont diminué de 200 litres par mètre carré ; la température annuelle moyenne s'élève à 17,5°C. Et désormais, les températures hivernales sont aussi supérieures à la normale.

Entre 2003 et 2007, le Pérou a fait face à au moins trois événements de températures extrêmes et à des inondations qui ont affecté plus de 500 000 personnes. En seulement 30 ans, les inondations ont augmenté de plus de 60 %, et les coulées de boue de 400 %.[37] Le président Garcia, du Pérou, a décrété l'état d'urgence en 2009 en raison des conditions climatiques de froid glacial liées au changement climatique dans les Andes du Sud qui ont causé la mort de près de 250 enfants, et ont rendu malades de nombreuses autres personnes.[38]

(Cf. annexe 3 sur les données actualisées relatives aux conditions météorologiques extrêmes à travers le monde.)

> « Le climat n'est pas simplement défini par la température et les précipitations moyennes, mais aussi par le type, la fréquence et l'intensité des phénomènes météorologiques. Le changement climatique induit par l'homme a le potentiel de modifier la fréquence et la gravité des phénomènes extrêmes comme les canicules, les vagues de froid, les tempêtes, les inondations et les sécheresses. »[39]
>
> *— Agence de protection de l'environnement des États-Unis*

FRÉQUENCE ACCRUE DES CATASTROPHES NATURELLES

Sécheresse, désertification et feux

Selon les Nations Unies, la désertification qui résulte souvent de l'abattage d'un nombre excessif d'arbres et les dégâts provoqués par des activités comme le pâturage du bétail, affectent le bien-être de plus de 1,2 milliard de personnes dans plus de 100 pays à risque.[40]

De précieuses ressources d'eau douce s'assèchent aussi comme les zones aquifères sous de grandes villes comme Pékin, Delhi, Bangkok et des douzaines de régions telles que le Midwest des États-Unis. De leurs côtés, le Gange, le Jourdain, le Nil et le Yangzi ont diminué pour devenir un filet d'eau durant une grande partie de l'année.

Au cours de la sécheresse de 2009, la pire que la Chine ait connue en 5 décennies, des cultures vitales ont été perdues dans au moins 12 provinces du Nord, coûtant à la nation des milliards de dollars pour secourir les agriculteurs ayant subi des pertes.[41]

Au Népal et en Australie, les feux de brousse se sont gravement intensifiés en 2009 du fait des conditions de sécheresse.[42] En Afrique, les populations de la Somalie, de l'Éthiopie et du Soudan pour ne citer qu'elles, ont été paralysées par la sécheresse.

Les chercheurs affirment que l'Ouest américain est confronté à une crise de sécheresse dévastatrice alors que les neiges des montagnes libèrent de vastes réservoirs d'eau.

(Cf. annexe 4 sur les informations relatives à la sécheresse et aux catastrophes mondiales liées à de grands feux de forêt.)

Fréquence accrue des tempêtes et des inondations

L'intensité et la durée des ouragans et des tempêtes tropicales ont augmenté de 100 % au cours des 30 dernières années ; selon les scientifiques du MIT (Massachusetts Institute of Technology) des États-Unis, cela serait dû à la hausse des températures des océans provoquée par le climat.

Selon des chercheurs du Georgia Institute of Technology, aux États-Unis, partout dans le monde, le nombre d'ouragans de catégories 4 et 5 – les plus destructeurs – a doublé au cours des 35 dernières années. Les ouragans de catégorie 5 produisent le niveau le plus élevé de destruction dans les grandes villes. Leur intensité et durée ont aussi augmenté de 75 % depuis les années 70.

Un de ces ouragans dont on peut encore sentir et voir les effets fut l'ouragan Katrina de 2005. Il a tout particulièrement dévasté la région de la Nouvelle-Orléans, où les gens sont aujourd'hui encore en train de reconstruire leurs maisons et leurs existences.

L'Administration nationale américaine des océans et de l'atmosphère a indiqué que pour la première fois, en 2008, six cyclones tropicaux consécutifs se sont abattus sur le continent américain.

L'océan Atlantique Nord et l'océan Indien sont deux régions où les tendances en matière d'ouragans sont les plus marquées.

(Cf. annexe 5 sur les données relatives aux principales catastrophes liées à des inondations.)

Action de secours de l'Association Internationale du Maître Suprême Ching Hai au Pakistan, en 2010

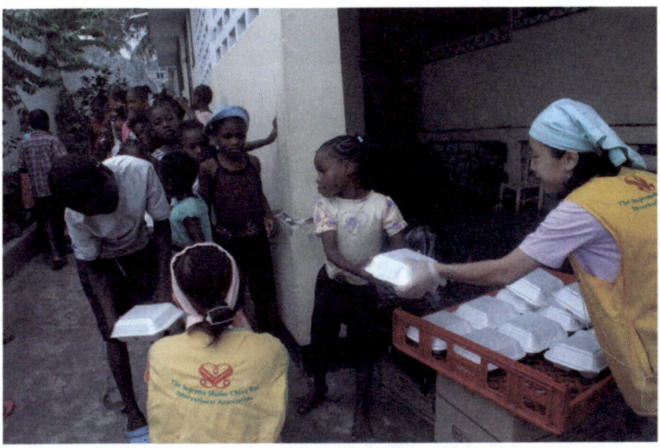

Action de secours de l'Association Internationale du Maître Suprême Ching Hai en Haïti, en 2010

Tremblements de terre

Des scientifiques ont découvert que les séismes étaient liés au réchauffement climatique, car avec la fonte de la glace aux pôles et sous le Groenland, la pression se déplace sur les plaques tectoniques de la Terre, ce qui pourrait déclencher des mouvements et ainsi provoquer des tremblements de terre.

L'une des plus tragiques catastrophes de notre temps a été le tsunami qui est le résultat d'un tremblement de terre, lequel a frappé l'Indonésie en 2004, provoquant tant de chagrin au sein de la population indonésienne et à travers le reste du monde.

(Cf. annexe 6 sur les données actualisées relatives aux catastrophes mondiales liées à des séismes.)

Infestation d'insectes

Aux États-Unis, près de 200 000 hectares de forêts de pin ont été perdus dans les Montagnes rocheuses à cause d'une invasion de scarabées liée au réchauffement planétaire. Des situations similaires se sont produites au Canada.

DÉFORESTATION

> La forêt est le poumon de notre planète. Comme les arbres sont abattus et les plantes deviennent plus exposées et sèches, ils émettent même du dioxyde de carbone plutôt que de l'absorber. Voilà un autre danger qui nous menace.

Au Brésil, plus de 90 % des terres déboisées depuis 1970 l'ont été pour le bétail.[43] En ce moment même, les forêts luxuriantes sont transformées en champs arides à un rythme de 36 terrains de football à la minute.[44]

Dans la partie sud du Mexique, les forêts tropicales qui couvraient jadis près de la moitié de l'État de Tabasco ont été réduites à moins de 10 % de leur taille originelle. Dans le même temps, les pâturages pour le bétail se sont étendus et occupent désormais 60 % de la superficie totale de l'État.[45]

En outre, dans des pays comme l'Argentine et le Paraguay, de plus en plus de forêts sont abattues pour l'élevage et les cultures de soja. L'Argentine a perdu 70 % de ses forêts d'origine.[46]

L'Indonésie a la troisième plus grande forêt du monde, juste derrière l'Amazonie et le Congo. Pourtant, la forêt tropicale de l'Indonésie est en train de disparaître au rythme alarmant d'un terrain de football par minute. Les Nations Unies indiquent que 98 % de la forêt toute entière pourrait avoir disparu d'ici 15 ans seulement.[47]

La forêt amazonienne contient à elle seule plus de dioxyde de carbone que tous les gaz à effet de serre produits par les humains durant 10 années. De plus, lorsque nous brûlons les forêts, nous libérons du noir de carbone, c'est-à-dire des particules de suie qui piègent 680 fois plus de chaleur que la même quantité de CO_2.[48]

PERTE DE LA BIODIVERSITÉ

Les principaux écologistes disent que le déclin des espèces sauvages dû à l'extinction des espèces est si rapide qu'il n'y a aucune comparaison dans l'histoire moderne. Les scientifiques ont aussi prédit que les 16 000 espèces menacées sur Terre pourraient s'éteindre 100 fois plus vite que ce que l'on pensait auparavant.

> « L'éminent biologiste de Harvard, Edward O. Wilson, et d'autres scientifiques estiment que le véritable taux d'extinction serait de plus 1 000 à 10 000 fois supérieur au taux historique. **Entre 2,7 et 270 espèces perdent leur existence chaque jour.** » [49]
>
> — *Julia Whitty*

> « 20 à 40 % des espèces vivant sur Terre sont susceptibles de s'éteindre au cours du siècle du seul fait du réchauffement planétaire, sans même que les autres facteurs n'interviennent. » [50]
>
> — *Groupe d'experts intergouvernemental sur l'évolution du climat*

PÉNURIE D'EAU

La diminution des réserves d'eau a provoqué une escalade des tensions, et même des conflits, car de nombreuses personnes, y compris des agriculteurs défavorisés, n'ont pas assez d'eau ou luttent pour avoir leur part.

Des dizaines de milliers de rivières et de lacs disparaissent à travers le monde. Des gens meurent à cause de la sécheresse. Des gens quittent leur village ou ville d'origine parce qu'ils n'ont plus d'eau à boire.[51]

Un milliard de personnes n'ont pas accès à une eau propre et potable. Et 1,8 million d'enfants meurent chaque année à cause de maladies liées à une eau contaminée.[52]

PÉNURIE ALIMENTAIRE

Les Nations Unies ont annoncé qu'en 2009, le monde a connu le plus grand nombre de personnes affamées en quatre décennies. 1,02 milliard de personnes n'ont pas assez de nourriture dans le monde.[53]

En raison de la chaleur et de la sécheresse excessives qui ont sévi au Pérou au cours de ces 12 dernières années, 140 000 hectares de pommes de terre et de maïs ont été détruits – cette nourriture perdue aurait pu nourrir 11 millions de personnes.

En Afrique, le Zimbabwe, la Somalie, l'île Maurice, le Mozambique et le Soudan – pour ne nommer que quelques pays – connaissent des sécheresses aggravées qui rendent difficile la culture des plantes, aggravant ainsi les pénuries alimentaires et la hausse des prix.

Ajoutez à cela la désertification et la déforestation qui dégradent encore plus la terre. L'augmentation des températures moyennes est synonyme de précipitations irrégulières – trop ou trop peu par moment ; ainsi nous avons des inondations ravageuses qui noient les cultures et des incendies qui brûlent les forêts.

Ces impacts du changement climatique renforcent l'insécurité alimentaire et la crise alimentaire.

(Cf. annexe 7 sur les données relatives au changement climatique et à la pénurie alimentaire dans le monde entier.)

Santé humaine

Les personnes souffrant du changement climatique

Selon une recherche menée par des Suisses, le changement climatique est déjà responsable de 315 000 morts par an, et 325 millions d'autres personnes sont gravement touchées.[54] Cela vient s'ajouter aux pertes économiques de 125 milliards de dollars par an.[55] Les pays les plus touchés sont les pays en voie de développement de l'Afrique, les autres régions très menacées étant le sud de l'Asie et d'autres petites nations insulaires.

En outre, 99 % des gens qui perdent leur vie à cause des catastrophes naturelles habitent en Asie.

Les maladies transmises par des insectes

Les moustiques responsables de la fièvre dengue sont observés pour la première fois à Piura, au Pérou, alors qu'ils se déplacent vers de nouvelles régions en raison du changement climatique.[56]

Il y a aussi un risque accru de maladies telles que le paludisme, car les moustiques gagnent des altitudes plus élevées. Les Nations Unies craignent que des centaines de millions de personnes en Afrique soient en danger.[57]

(Cf. annexe 8 qui présente un extrait de *Six degrés, Que va-t-il se passer ?* de Mark Lynas.)

II. Nous allons manquer de temps

Selon toutes les preuves scientifiques et toutes les preuves matérielles actualisées, nous n'avons pas beaucoup de temps. Même plus tard, si nous voulons sauver la planète, nous n'y parviendrons pas.

Les menaces que fait peser le réchauffement climatique sont imminentes ; elles sont déjà là, comme vous pouvez le voir à travers de nombreux bouleversements, catastrophes, réfugiés climatiques et phénomènes dans le monde entier.

Selon des experts scientifiques, les températures atmosphériques s'élèvent tellement que nous n'avons plus beaucoup de temps pour changer.

« Nous avons passé des points de basculement. Nous n'avons pas passé le point de non-retour. Nous pouvons encore inverser les choses, mais cela nécessitera un rapide changement de direction. » [58]

— Dr James Hansen, directeur de l'Institut Goddard d'études spatiales de la NASA

Tant de dirigeants du monde entier et de scientifiques sont également inquiets à ce sujet. La vérité est que nous ne sommes déjà plus en mesure de gérer de telles situations dans des lieux où le réchauffement climatique a déjà atteint des niveaux extrêmes.

Certains pays et communautés doivent faire face à des situations de sécheresse aggravée. Il n'y a pas assez d'eau pour irriguer les cultures ou même pour boire. Leurs fleuves et lacs s'assèchent ou ont complètement disparu. Les glaciers fondent en de nombreux endroits de façon si spectaculaire qu'à un certain moment, il y a des inondations massives, et peu après, une sécheresse.

Alors, comment pouvons-nous gérer la migration massive de dizaines de millions de personnes à la fois en raison de la désertification, de l'élévation du niveau de la mer ou de la perte permanente de champs de culture ? C'est très difficile, voire impossible.

Nous ne sommes pas prêts du tout. Nous ne sommes pas suffisamment préparés.

Nous devons sauver la planète, ne serait-ce que pour pouvoir y rester. Parce que si toute la glace fond, si tous les pôles fondent, et qu'ensuite, la mer est chaude, alors du gaz pourrait être libéré de l'océan, et nous pourrions tous être empoisonnés. Il y a beaucoup de gaz.

Si vous regardez la conférence de Singapour [en septembre 1994], j'avais déjà prévenu que nous devions changer notre façon de vivre, sinon il serait trop tard. C'était il y a 10 ou 15 ans. Ou avant cela, j'ai toujours parlé de la façon dont nous déboisions notre planète, mangions de la viande et tout ce qui cause beaucoup de dégâts à notre planète Terre.

Les scientifiques disent beaucoup de choses. Ils sont à l'écoute maintenant, mais j'espère qu'ils agiront rapidement. Il suffit d'agir. Tous les gouvernements du monde prennent cela vraiment au sérieux maintenant. Je suis juste inquiète que l'action menée ne soit trop lente, c'est tout. Parce que la glace réfléchit les rayons du soleil et les renvoie dans l'espace, mais la fonte des glaces est tellement rapide aujourd'hui qu'il n'y a pas assez de réflexion et comme la mer est déjà chaude, elle fait fondre la glace. Et comme la glace fond, la mer est plus chaude. Vous voyez ce que je veux dire, le cercle ?

Si on ne l'arrête pas, vu la façon dont ça avance,
dans quatre ou cinq ans, finito. Plus rien.
C'est vraiment urgent à ce point.

(prononcé en décembre 2007)

III. S'ATTAQUER MAINTENANT À LA RACINE DU PROBLÈME

ARRÊTONS LE PLUS GRAND CONTRIBUTEUR À NOTRE CRISE ENVIRONNEMENTALE

« Le bétail est l'un des plus importants contributeurs aux plus graves problèmes environnementaux actuels. Une action urgente est nécessaire pour remédier à la situation. » [59]

— Dr Henning Steinfeld, Chef de la branche information et politique de l'élevage, FAO, ONU

« L'élevage est le principal moteur de la déforestation. L'élevage est la principale source de pollution de l'eau. L'élevage produit plus de gaz à effet de serre que tous les transports à travers le monde combinés. »

— Rapport de la FAO « L'ombre portée de l'élevage »

Arrêtons de blâmer le CO_2 pour chaque problème de réchauffement climatique sur notre planète ; c'est nous qui sommes à blâmer. L'industrie de la viande est à blâmer. L'industrie de la viande est celle sur laquelle nous devons nous concentrer et y mettre un terme, l'abolir. Pour arrêter le changement climatique et mettre fin au gaspillage des forêts et des terres, arrêtons de tourner autour du pot, allons à l'essentiel : l'industrie de la viande doit cesser !

La façon la plus intelligente serait d'empêcher l'aggravation du réchauffement climatique en étant végétalien. Cela semble très simple, mais c'est la meilleure solution, la plus efficace, et l'effet s'en fera sentir presque immédiatement. Sans ce changement principal, le plus efficace en termes de temps, peu importe ce que nous essayons de faire, ce ne sera pas suffisant pour repousser les pires conséquences que nous avons accumulées.

En outre, les problèmes auxquels nous faisons déjà face aujourd'hui, tels que le réchauffement de l'atmosphère, la pénurie d'eau, la pénurie alimentaire et la désertification, peuvent être éliminés rapidement en arrêtant la production de viande. Arrêtez maintenant, sans attendre !

« Ne mangez pas de viande.
C'est quelque chose que le GIEC avait peur de dire auparavant, mais maintenant nous le disons :
s'il vous plaît, mangez moins de viande – la viande est une denrée très intensive en carbone. » [60]

— Dr Rajendra K. Pachauri

LA RACINE DU PROBLÈME EST D'ORDRE SPIRITUEL

« Rien ne peut être aussi bénéfique à la santé humaine et augmenter les chances de survie de la vie sur Terre que d'opter pour une diète végétarienne. » [61]

— Albert Einstein

Comme je l'ai mentionné plus haut, nous devons nous attaquer à la racine du problème. La racine du problème est la cause du réchauffement climatique. Et cette racine, c'est notre méchanceté à l'égard de nos cohabitants.

Toute action provoque une réaction, et cela est très scientifique.

Voyez-vous, si nous semons un pépin de pomme, nous obtiendrons un pommier, et ce pommier au bout d'un moment portera des fruits. C'est un cercle de vie. Mais si nous tuons, nous ne pouvons pas en attendre de la vie. Chaque action porte les mêmes fruits par la suite. Ce n'est pas un discours religieux ; c'est scientifique.

Or, à présent, la racine de notre problème est que nous avons été cruels envers nos cohabitants : les êtres qui vivent, ressentent, marchent, agissent et aiment, comme les animaux de toute taille et de toute forme. Et nous avons aussi été cruels envers notre environnement. Nous avons massacré nos cohabitants animaux, et nous avons détruit notre environnement, par la déforestation, la pollution de l'eau et de l'air. À partir de là, nous ne pouvons pas nous attendre à un meilleur résultat.

Ces cris de tristesse, la misère et la douleur absolues des animaux qui souffrent et vivent dans la saleté, opprimés et enfermés dans des cages étroites, et qui chaque jour survivent dans l'obscurité, alors qu'ils ne verront plus jamais la lumière du soleil de leur vie, ainsi que l'agonie extrême qu'ils subissent avant et après qu'ils soient tués, ont ébranlé le Ciel et la Terre.

Les désastres naturels et les sécheresses sont donc des façons de nettoyer les actions négatives des humains et servent d'avertissement, ainsi que de conseils aux humains, afin qu'ils s'améliorent, et que l'avenir soit brillant, joyeux et dépourvu de souffrance similaire à celle de ces animaux.

« Vous récolterez ce que vous semez ». Tous les écrits sacrés nous enseignent de nous conformer à cela, donc l'humanité a besoin de se réveiller ; sinon, nous devrons en subir les conséquences.

Pour résoudre le problème auquel nous sommes confrontés à présent, nous devons modifier nos actes. Nous devrions être bons envers nos cohabitants. Au lieu de les tuer, de les massacrer et de les sacrifier, nous devrions prendre soin d'eux, faire preuve de bonté envers eux et nous occuper d'eux. Au lieu de déforester, nous devrions replanter des arbres et prendre soin de notre environnement. Et au lieu de polluer la planète et l'air, nous devrions passer à l'énergie écologique et durable. Nous devons simplement changer nos actions.

Nous devrions être en coordination avec l'énergie universelle, la loi aimante de la nature. Si l'humanité ne respecte pas les autres formes de vie, alors la vie des humains sera aussi en péril, puisque nous sommes tous interconnectés.

Nous dépendons tous les uns des autres pour survivre, jusqu'au petit ver de terre qui rend notre terre arable. Mais si les gens se détournent du meurtre et choisissent un style de vie sans produits animaux, ils récolteront des graines de paix et de bonté.

Nous prions pour que suffisamment de gens agissent ainsi, et vite, car nous manquons de temps.

Retournons à notre moi aimant et sauvons la planète

Nous devons comprendre que les catastrophes naturelles sont la conséquence de l'énergie négative accumulée dans notre atmosphère. Cette énergie négative de notre atmosphère est créée par nos sentiments, nos pensées et nos actions de haine, de violence et de tuerie de tant de vies d'êtres humains et d'animaux. Si nous ne changeons pas nos pratiques provocatrices qui génèrent des désastres, alors les catastrophes ne cesseront jamais.

Nous devons porter notre schéma de pensée et notre mode de vie à un niveau plus élevé, plus compatissant et plus noble. Nous devons retourner à notre véritable moi aimant en chérissant et en protégeant toutes les vies, en commençant immédiatement par l'alimentation végétalienne pour sauver notre précieuse et belle planète. Être végétalien est la solution la meilleure et la plus rapide.

Être végétalien est bénéfique à tout type de progrès spirituel. En fait, tous les anciens enseignements des sages ont depuis des temps immémoriaux souligné l'importance d'une alimentation bienveillante à base de végétaux. Il s'agit d'une exigence fondamentale pour un pratiquant spirituel.

Le concept qui sous-tend le fait de renoncer aux produits d'origine animale est l'ahimsa – c'est-à-dire la non-violence. En adoptant un régime végétalien, nous évitons également la mauvaise rétribution liée au fait de tuer ; ainsi cela n'alourdira pas, ni ne fera obstacle à notre cheminement spirituel.

Être végétalien signifie simplement que nous protégeons tous les animaux. Cette mise à mort d'autres êtres doit cesser pour que l'humanité évolue en tant que civilisation. Agir ainsi offre de multiples avantages. Outre le rétablissement de la santé, la biodiversité pourra se développer ; l'équilibre de la planète sera restauré ; notre propre conscience et notre capacité d'élévation de la conscience seront libérées.

Ce sont là tous les fruits d'une alimentation plus compatissante. Cette attitude aimante crée aussi une atmosphère plus paisible qui apporte plus de confort à tous les êtres. En paix avec nous-mêmes, sachant que nous n'avons causé aucune angoisse ou douleur à nos frères animaux, nous aurons alors la tranquillité intérieure de poursuivre nos efforts spirituels de tout cœur.

Et à une plus grande échelle, notre planète guérira également, tout comme un individu qui se tourne vers un régime de compassion guérira – car « Qui se ressemble s'assemble ». La bonne énergie de miséricorde et de compassion conjurera l'obscurité qui se dirige vers nous et nous côtoie en ce moment.

En bref, nous obtiendrons un paradis sur Terre.

S'IL VOUS PLAÎT, RÉVEILLEZ-VOUS !

par le Maître Suprême Ching Hai

Ô monde, réveille-toi et vois
Fleuves et montagnes sont en émoi
Forêts brûlées, collines érodées, ruisseaux asséchés
Où vont les pauvres âmes à la fin de tous les rêves ?

Ô grande Terre, que ton agonie s'amoindrisse
Pour que ces larmes s'amenuisent avec la nuit qui persiste
Ô mers et lacs, n'arrêtez point vos mélodies
Qui permettent d'espérer un lendemain pour l'humanité…

Ô êtres sensibles, ayez un répit dans le royaume de l'au-delà
Bien que vous disparaissiez sans un dernier cri
Laissez le battement de mon cœur s'apaiser
Alors que j'attends le repentir opportun des Terriens.

Ô profondes forêts, préservez votre véritable essence
Protégez la race humaine dans ses moments d'égarement
Je vous en prie, acceptez mes sincères milliers de larmes
Pour nourrir vos feuilles, racines et arbres majestueux.

Ô cœur, apaise tes sanglots
Pour que mon âme se repose de longues nuits
Les larmes ont séché et je suis muette
Pleurant de sympathie pour le tourmenté !

Ô nuit, allume ta source de lumière
Éclaire le chemin pour ces âmes humaines dans l'obscurité
Sois sereine pour que mon esprit se calme
Et entre dans le vide grâce à la miraculeuse mélodie céleste.

Ô jour, n'attise pas de soudaines agitations
Pour que la paix repose en nos cœurs
Pour que les luttes de l'humanité se dissipent
Pour que le vrai Soi glorieusement brille.

Ô mon cœur, ne te lamente plus
Tel un insecte se tortillant dans l'hiver glacé.
Calmement attends un lendemain parfait
Et le jour où le monde sera paré d'un Halo céleste.

Ô, je pleure, j'implore, je conjure
Ô, infinis Bouddhas, Dieux, anges
Délivrez les âmes s'écartant du Vrai Chemin
Errant dans l'interminable cycle de l'enfer empli de douleur !

Ô frère, réveille-toi immédiatement
Avec fierté marche sur les mers et les fleuves
Fixe le soleil flamboyant
Et fais le vœu de sauver tous les êtres sur Terre !

Ô sœur, réveille-toi dès à présent
Lève-toi des lieux de la dévastation
Ensemble restaurons notre planète
Pour que tous chantent de joyeuses chansons d'unité.

3 Le végétalisme biologique pour soigner la planète

Le végétalisme sauvera notre monde ! Adopter une alimentation à base de végétaux peut arrêter 80 % du réchauffement climatique, éliminer la faim dans le monde, arrêter la guerre, promouvoir la paix, et cela libèrera l'eau de la Terre ainsi que de nombreuses autres ressources précieuses, offrant ainsi une bouée de sauvetage à la planète et à l'humanité. En bref, cela mettra très vite fin à bon nombre de problèmes mondiaux auxquels nous sommes confrontés à l'heure actuelle.

Les effets dévastateurs du changement climatique que nous observons dans maints domaines, comme la fonte de l'Arctique, les terres inondées, la raréfaction de l'eau due à la fonte des glaciers, et même la multiplication des tempêtes, sont tous directement liés à l'augmentation de la température de la Terre. Nous devons donc avant tout refroidir la planète. Et la meilleure façon d'arrêter le réchauffement planétaire est d'arrêter de produire des gaz à effet de serre qui génèrent de la chaleur.

Nous connaissons déjà les efforts faits pour réduire les émissions issues de l'industrie et du transport, mais les changements dans ces secteurs prennent trop de temps – à ce rythme et à cette heure, c'est plus que ce que nous pouvons nous permettre. **L'un des moyens les plus efficaces et les plus rapides de réduire la chaleur de l'atmosphère est d'éliminer la production de méthane.**

Le méthane piège non seulement près de 72 fois plus de chaleur que le dioxyde de carbone, mais il disparaît de l'atmosphère beaucoup plus vite que le CO_2. Donc si nous arrêtons de produire du méthane, l'atmosphère se refroidira plus rapidement que si nous arrêtons de produire du dioxyde de carbone.

Le végétalisme biologique produira un effet refroidissant bénéfique en réduisant le méthane et les autres gaz à effet de serre qui sont mortels à notre survie.

Biologique, parce que nous ne voulons plus que des produits chimiques nuisibles soient répandus partout, et s'infiltrent dans l'eau, empoisonnant les rivières, les sols et tous les êtres vivants, ce qui rend aussi les humains malades. Biologique également, car cette pratique absorbera d'énormes quantités de CO_2 existant déjà dans l'air, et refroidira ainsi notre planète.

I. Refroidir la planète et restaurer l'environnement

Éliminer le méthane, le noir de carbone et d'autres gaz à effet de serre

L'élevage : le plus grand émetteur de méthane

Notre pire menace n'est pas le dioxyde de carbone, mais le méthane. Et le méthane provient de l'élevage.

Nous pouvons commencer par mettre un frein au plus gros producteur de méthane du monde, c'est-à-dire l'élevage. Afin de refroidir la planète plus rapidement, nous devons arrêter de consommer de la viande pour mettre un terme à l'industrie de l'élevage, et ainsi stopper la production des gaz à effet de serre, comme le méthane et d'autres gaz toxiques de l'industrie animale.

Gaz à effet de serre et potentiels de réchauffement planétaire

Gaz à effet de serre	CO_2 (dioxyde de carbone)	CH_4 (méthane)	N_2O (protoxyde d'azote)
Potentiel de réchauffement global (PRG)*	1	25*	298*
Concentration atmosphérique préindustrielle	280 ppm	0,715 ppm	0,270 ppm
Concentration atmosphérique en 2005	379 ppm	1,774 ppm	0,319 ppm
Pourcentage de contribution de l'industrie de l'élevage**	9 %	37 %	65 %

* En moyenne sur 100 ans, le méthane et le protoxyde d'azote sont respectivement 25 et 298 fois plus puissants que le dioxyde de carbone en potentiel de réchauffement pour la planète. En moyenne sur 20 ans, le méthane est 72 fois plus puissant. (une partie par million (ppm) correspond à un rapport de 1 mg par kg) (Quatrième rapport d'évaluation annuel, 2007, Tableau du GIEC 2.14)

** Steinfeld et al, *L'ombre portée de l'élevage*, 2006

Si tout le monde adoptait cette pratique simple mais très puissante d'une alimentation sans produits animaux, nous pourrions inverser les effets du réchauffement planétaire en un rien de temps. Nous aurions alors du temps pour pouvoir adopter des mesures à long terme comme les technologies plus écologiques qui permettent également de retirer le dioxyde de carbone de l'atmosphère.

En fait, si nous négligeons d'arrêter la production de viande, les effets de tous ces efforts écologiques s'annuleront, ou bien nous perdrons la planète avant même d'avoir eu l'opportunité d'installer les technologies écologiques, comme l'éolien ou le solaire, ou de produire assez de véhicules hybrides.

Des chercheurs de la NASA ont annoncé que le méthane, ce puissant gaz à effet de serre dont la plus grande source d'origine humaine est l'industrie de l'élevage, piège 100 fois plus de chaleur sur une période de 5 ans que le dioxyde de carbone.

« Le méthane réchauffe la Terre 72 fois plus que le CO_2 sur une période de 20 ans. » [62]

— Groupe d'experts intergouvernemental sur l'évolution du climat

« Le méthane réchauffe la Terre 100 fois plus que le CO_2 sur une période de 5 ans. »
« Une tonne de méthane émise aujourd'hui exercera un plus grand réchauffement en un an qu'une tonne de CO_2 émise aujourd'hui n'en exercera jusqu'en 2075. » [63]

— Dr Kirk Smith, professeur de santé environnementale mondiale, Université de Californie, Berkeley

Veuillez également garder à l'esprit que même s'il a été rapporté que l'élevage générait 18 % des émissions de gaz à effet de serre– ce qui représente plus que tous les secteurs du transport du monde réunis – c'est en fait un chiffre qui est sous-estimé, car récemment des calculs révisés ont évalué qu'il était possible que ce secteur génère plus de 50 % des émissions mondiales. **Je répète : on a recalculé qu'il était possible que l'élevage génère plus de 50 % des émissions mondiales totales – plus de 50 % viennent de l'industrie de l'élevage. C'était donc la solution numéro un[64] !**

Le danger de l'hydrate de méthane et de l'hydrogène sulfuré

Quand il fait froid, l'hydrate de méthane est comprimé sous le plancher océanique et reste stocké là, sans danger. Mais maintenant que le climat se réchauffe, ces gaz seront libérés. Et comme vous l'avez appris par les rapports scientifiques, ils sont déjà en train de se libérer dans l'atmosphère, car la couche de pergélisol est en train de fondre chaque jour.[65]

On constate déjà des signes de l'arrivée de cette période dangereuse, par les observations faites sur des lacs et autres sites où des bulles de gaz de méthane remontent alors qu'elles étaient auparavant emmagasinées en toute sécurité sous une couche gelée de la Terre.[66] Personne ne sait quand ces énormes quantités de gaz seront libérées de façon incontrôlable, provoquant une hausse soudaine des températures qui pourrait alors catalyser un emballement du réchauffement. Ce serait catastrophique pour nous.

> « Le pergélisol est comme une bombe à retardement prête à exploser – alors qu'il continue à dégeler des dizaines de milliers de mégatonnes de méthane peuvent être libérées dans l'atmosphère, renforçant le réchauffement climatique. Cette source de méthane récemment reconnue n'est pas encore incluse dans les modèles climatiques. »[67] (une mégatonne = un million de tonnes)
>
> *— Dr Katey Walter, écologiste des écosystèmes aquatiques à l'Université de l'Alaska*

Ce n'est pas seulement le méthane qu'il faut redouter ; il y a tant de gaz dans l'océan. Par exemple, on attribue au sulfure d'hydrogène le fait d'avoir balayé plus de 90 % des créatures vivantes dans l'histoire passée de notre Terre.[68]

Selon sa concentration dans l'atmosphère, le sulfure d'hydrogène à lui seul peut entraîner l'irritation de différents organes du corps – yeux, nez, gorge, constriction bronchique, avortement spontané, fonctions corporelles déficientes, migraines, étourdissements, vomissements, toux, gênes respiratoires, yeux abîmés – ainsi que des chocs, des comas, la mort, etc.

Sans parler de réchauffement planétaire, nous pourrions même mourir asphyxiés par le gaz. D'après des recherches scientifiques, tant de méthane a déjà été libéré dans l'atmosphère que de nombreuses personnes sont de plus en plus atteintes de maladies mentales ou d'autres souffrances physiques.

Le méthane peut causer des maux de tête, des problèmes du système respiratoire, des défaillances cardiaques, et à des doses plus concentrées, la mort par asphyxie. Ajoutons à cela l'empoisonnement au monoxyde de carbone qui est 23 fois plus mortel que le CO_2.

D'autres gaz mortels issus du bétail

D'autres gaz létaux, toxiques sont aussi émis par l'industrie de l'élevage. Générant 65 % des émissions mondiales de protoxyde d'azote, elle constitue la plus grande source de ce gaz à effet de serre qui présente environ 300 fois le potentiel de réchauffement du CO_2. Cette industrie émet également 64 % de la totalité de l'ammoniac, qui provoque des pluies acides et génère du sulfure d'hydrogène, un gaz mortel. Donc, arrêter la production de bétail revient à éliminer tous ces gaz mortels, dont le méthane.[69]

Les effets dévastateurs du noir de carbone

Le noir de carbone est une particule à effet de serre qui piège 680 fois plus de chaleur que le CO_2, et qui accélère la fonte des calottes glaciaires et des glaciers du monde. 40 % des émissions de noir de carbone proviennent des forêts brûlées pour le bétail.

Les scientifiques ont découvert que 60 % des particules de noir de carbone de l'Antarctique ont été transportées par le vent depuis les forêts d'Amérique du Sud qui sont brûlées pour défricher des terres pour la production du bétail.[70]

Arrêter la production de viande pour obtenir un effet de refroidissement rapide

Si nous voulons voir le refroidissement de notre planète dans une ou deux décennies, il serait plus efficace de réduire le méthane en premier. Et comme la plus grande source de méthane de la planète est l'élevage des animaux, être végétalien est le moyen le plus rapide pour réduire le méthane, ce qui refroidirait la planète avec succès et rapidité.

Chercheur américain et membre du GIEC, le Dr Kirk Smith a montré qu'en seulement quelques années, la vitesse de dissipation du méthane dépasse celle du CO_2, et il disparaît presque complètement en une décennie, alors que le CO_2 reste et réchauffe la planète durant des milliers d'années encore ! Donc, si nous voulons un refroidissement plus rapide de la planète, nous devons éliminer les gaz qui quittent rapidement l'atmosphère.[71]

En d'autres termes, le méthane fait beaucoup plus de dégâts à court terme, mais si on l'arrête, nous serons en mesure d'inverser la tendance du réchauffement climatique très rapidement.

La meilleure chose à faire est de cesser de manger de la viande, d'arrêter de tuer des animaux, et de cesser d'élever des animaux ; ensuite, la production de méthane et de protoxyde d'azote s'arrêtera ! Nous aurons alors déjà réduit une grande part de la pollution de l'air et enrayé le processus du réchauffement planétaire. Je l'ai déjà dit : 80 % du réchauffement cessera presque immédiatement, et nous pourrons voir les résultats en quelques semaines.

PRÉSERVER LES OCÉANS

Arrêter la production de zones mortes

L'arrêt de l'élevage aurait d'autres bienfaits considérables. Par exemple, les zones mortes océaniques proviennent principalement du ruissellement des fertilisants de l'agriculture, qui servent surtout à nourrir les animaux.

Les zones mortes sont une menace sérieuse pour les écosystèmes des océans, mais elles peuvent reprendre vie si nous arrêtons de les polluer avec nos activités liées au bétail.

La zone morte gigantesque dans le golfe du Mexique, de la taille du New Jersey (environ 20 000 km^2), qui étouffe toute vie marine, est presque exclusivement due aux eaux de ruissellement d'azote du Midwest, issues des déchets animaux et des engrais utilisés pour les cultures de l'alimentation animale. Ces déchets toxiques contiennent antibiotiques, hormones et pesticides, et 10 à 100 fois la concentration des agents pathogènes mortels comme l'E. coli et la salmonelle comparée aux déchets humains.[72]

En 1995, une lagune de lisier de porc de 3,2 hectares a éclaté en Caroline du Nord, répandant 95 millions de litres de ces déchets toxiques, soit le double du volume du célèbre déversement de pétrole de l'Exxon-Valdez [41 à 119 millions de litres de pétrole brut répandus sur 41 000 à 119 000 m^3]. Des centaines de millions de poissons dans l'État de New River ont été tués instantanément à cause des nitrates présents dans les déchets, avec d'autres effets nocifs une fois que la contamination a atteint l'océan.[73]

« Le nombre de zones mortes océaniques, pauvres en oxygène, a augmenté de seulement 49 dans les années 1960 à 405 en 2008. » [74]

— Robert J. Diaz et Rutger Rosenberg, éminents écologistes marins

Arrêter la pêche et raviver la vie marine

Nous avons désespérément besoin que
les poissons présents dans les mers équilibrent les océans ;
sinon, nos vies seront en danger.

La pêche contribue au réchauffement climatique principalement en perturbant les écosystèmes complexes des océans de la planète. Des écosystèmes marins équilibrés sont extrêmement importants, puisque plus des deux tiers de la planète sont recouverts par les océans.

Et l'océan est un écosystème très complexe où chaque être vivant a une fonction unique. Ainsi, enlever même un petit poisson pour que les humains le mangent crée un déséquilibre dans la mer. En fait, nous voyons déjà un effet de ce déséquilibre sur les mammifères marins.

Arrêtons de pêcher, alors la faune marine sera restaurée. Depuis que la pêche intensive a provoqué la disparition des sardines des côtes de la Namibie, des éruptions de gaz toxiques ont créé une zone morte qui détruit les écosystèmes de la région par l'absence de cette humble espèce puissante et bénéfique pour l'environnement.[75]

La surpêche a poussé les poissons survivants à être plus petits, et donc la taille des mailles des filets a été réduite pour capturer les poissons plus petits, ce qui conduit aussi d'autres poissons à se faire prendre. Mais cela détruit encore plus d'écosystèmes marins et de poissons. Ces poissons sont transformés pour servir d'alimentation aux animaux, sont utilisés comme engrais, ou sont rejetés morts dans l'océan. Par conséquent, pour chaque tonne de crevettes capturées, trois tonnes d'autres poissons sont également tués et rejetés.

En outre, une étude américaine a révélé que les porcs et les poulets sont contraints de manger plus de deux fois les fruits de mer consommés par l'ensemble du peuple japonais, et six fois la quantité consommée par les êtres humains aux États-Unis. Au moins un tiers de tous les poissons pêchés dans le monde sert aujourd'hui à nourrir le bétail et non les humains.

> « Si les différentes estimations que nous avons reçues sont vraies, alors nous sommes dans la situation où dans 40 ans nous n'aurons effectivement plus de poissons. » [76]
>
> *— Pavan Sukhdev, chef de l'Initiative Économie verte du Programme des Nations Unies pour l'environnement*

Il existe un autre état – appelé l'acidification – dans lequel la disparition de certains poissons a contribué à une acidité océanique plus élevée qui, à son tour, réduit la capacité de l'océan à absorber le CO_2.

Les fermes piscicoles sont semblables à des élevages industriels sur terre ; elles ont des problèmes environnementaux similaires, avec des impacts en termes de pollution des eaux. Les poissons d'élevage sont contenus dans de grands filets au large des côtes océaniques avec nos aliments non consommés, des déchets de poisson, des antibiotiques ou d'autres médicaments et produits chimiques qui circulent dans les eaux environnantes, où ils nuisent à nos écosystèmes et polluent nos sources d'eau potable.

Donc, tous ceux qui pensent que manger du poisson ne provoque pas tant de dégâts environnementaux, détrompez-vous. La consommation de produits animaux, quels qu'ils soient, a des répercussions négatives sur nos océans et notre monde.

ARRÊTER LES PÉNURIES D'EAU

Élevage : un goinfre en eau sans pareil

> « Nous devons revoir nos pratiques agricoles et la façon dont nous gérons nos ressources en eau, l'agriculture et l'élevage représentant 70 % de la consommation d'eau douce et 80 % de la déforestation. »
>
> *— Ban Ki-moon*

L'eau est essentielle à notre existence. Nous devons faire tout notre possible pour conserver l'eau. Et la première étape pour commencer est d'être végétalien, parce que l'industrie animale utilise plus de 70 % de l'eau potable de notre planète !

Alors que 1,1 milliard de personnes dans le monde n'ont pas accès à l'eau potable, nous perdons 3 800 milliards de tonnes d'une précieuse eau potable chaque année pour la production animale.

Nous sommes plus de 6 milliards d'individus dans ce monde et les nappes phréatiques qui alimentent les puits abreuvant la moitié de la population du monde, se meurent, s'assèchent. Les dix premiers systèmes fluviaux de la planète meurent ou s'amenuisent. Et 3 milliards de personnes manquent d'eau.

Manquons-nous d'eau ?

Une portion de BŒUF nécessite plus de 4 500 litres d'eau

Une portion de POULET nécessite 1 250 litres d'eau

Un repas VÉGÉTALIEN complet à base de TOFU, RIZ et LÉGUMES nécessite seulement 370 litres d'eau [77]

Même si nous ne prenons pas de douche du tout, ni ne nous brossons les dents, ce n'est rien si nous n'arrêtons pas de manger de la viande.

Les Américains se soucient déjà du manque d'eau. Leur glacier a beaucoup fondu, et les rivières se sont asséchées. Ils prévoient que dans seulement quelques années, l'eau pourrait même ne plus être suffisante pour 23 millions de personnes qui dépendent d'elle pour survivre.[78]

L'alimentation végétalienne biologique : une économie de plus de 90 % de l'eau dans le monde

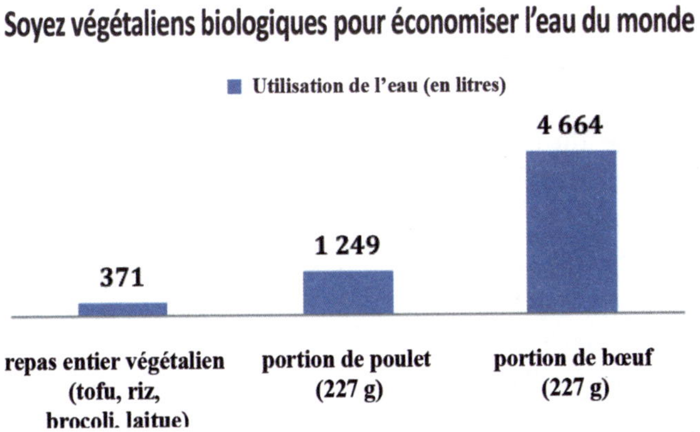

Source des données : **Marcia Kreith,** Apports en eau dans la production alimentaire en Californie, **Fondation pour l'éducation à l'eau, septembre 1991 (graphique E3 p28)**

La production de viande utilise des quantités massives d'eau. Il faut jusqu'à 4 500 litres d'eau douce et potable pour produire une seule portion de bœuf.[79] En revanche, un repas végétalien complet ne nécessite que 370 litres d'eau ; c'est environ 90 % de moins.

Nous pouvons arrêter les pénuries d'eau. Les sécheresses affectant davantage de populations, nous ne pouvons plus nous permettre de gaspiller l'eau. Si nous voulons arrêter les pénuries d'eau et préserver l'eau précieuse, nous devons arrêter les produits d'origine animale.

PRÉSERVER LA TERRE

Arrêter le surpâturage et la désertification

Le secteur de l'élevage est la plus grande utilisation humaine de terre et le plus grand facteur de destruction des forêts tropicales.

Nous devons cesser de faire paître les animaux pour protéger notre sol et protéger notre vie. Le surpâturage du bétail est l'une des principales causes de la désertification et d'autres dommages, et il est responsable de plus de 50 % de l'érosion des terres.

Nous avons seulement 30 % de terres émergées sur la planète. Un tiers de ces précieux 30 % est utilisé, non pas pour notre survie véritable, mais pour le pâturage du bétail ou pour produire de plus en plus de tonnes de céréales pour l'alimentation animale – tout cela pour produire quelques morceaux de viande.

Par exemple, près de 400 millions d'hectares, soit 80 % de toutes les terres agricoles des États-Unis et environ la moitié de toutes les terres des États-Unis, sont utilisés pour la production de viande. En revanche, moins de 1,2 million d'hectares servent à cultiver tous les légumes du pays.[80]

Au Mexique, des recherches récentes montrent que 47 % de la superficie du pays a déjà subi les effets tragiques de la désertification à cause des dommages de l'industrie de l'élevage.[81] Et 50 à 70 % du Mexique souffre d'un certain degré de sécheresse.

Le défrichage des terres pour l'élevage a provoqué une instabilité et une forte dégradation des sols à travers le Mexique. Dans les régions du nord du pays, près de deux tiers des terres sont classées comme étant dans un état d'érosion totale ou accélérée.[82] Lorsque le bétail mange toute la végétation et piétine la terre, il ne reste qu'un sol comparable à du ciment, qui ne permet de cultiver quoi que ce soit. Cela aggrave le réchauffement climatique car plus de carbone est libéré à cause de la mort des plantes et du sol dénudé.

Éliminer la faim dans le monde

Si tout le monde avait une alimentation à base de végétaux, il y aurait assez de nourriture pour satisfaire 10 milliards de personnes.

Gaspillage de terre pour l'élevage

Sommes-nous à court de nourriture ?

Combien de personnes dans le monde souffrent de la faim ?
1,02 milliard de personnes
Toutes les cinq secondes, un enfant meurt de faim.

Les céréales nourrissant actuellement le bétail sont suffisantes pour alimenter près de 2 milliards de personnes.[83]

— *Julie Gellatley et Tony Hardle*

90 % de l'ensemble du soja, 80 % de tout le maïs, et 70 % de toutes les céréales cultivées aux États-Unis servent à engraisser le bétail, alors qu'ils pourraient nourrir au moins 800 millions de personnes qui ont faim.[84] Nous avons des gens qui ont faim ; nous avons des enfants qui meurent toutes les quelques secondes parce que nous utilisons trop de terre, trop d'eau, trop de nourriture pour le bétail plutôt que pour les êtres humains.

Si nous ne mangeons plus de viande, nous pourrons utiliser les produits de l'agriculture, les céréales, pour nourrir les humains au lieu de nourrir plus d'animaux d'élevage à l'avenir. Ainsi, nous n'aurons plus de famine et il n'y aura plus de guerres causées par la famine. L'effet est considérable.

Efficacité de l'utilisation des terres

« Il faut de 6 à 12 kg de protéines végétales pour produire 1 kg de chair.
Il faut environ 1 000 fois plus d'eau pour produire de la chair
qu'il n'en faut pour produire des pommes de terre ou du blé.
Il faut 2 hectares de terrain pour alimenter un omnivore.
Il faut 1,2 hectare de terrain pour alimenter 20 végétaliens.

***Donc il faut 80 fois plus de terres, pour soutenir le mode de vie d'un omnivore qu'il n'en faut pour le mode de vie d'un végétalien.* »** [85]

— *Gary L. Francione, professeur de droit, Faculté Rutgers aux États-Unis, végétalien*

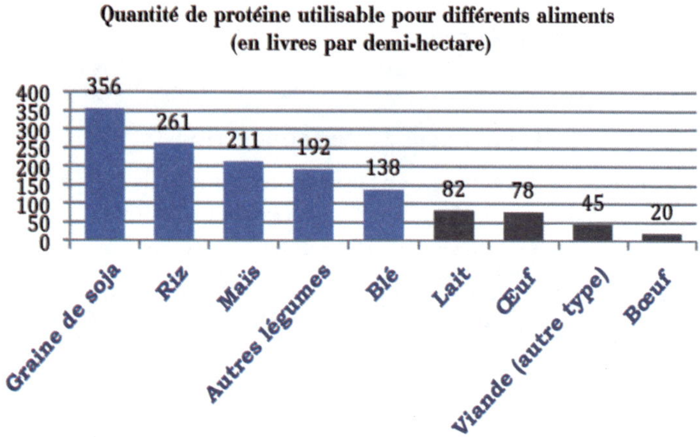

Source : USDA, FAO / OMS / Groupe consultatif des protéines de l'UNICEF, 2004

En outre, plus on utilise les méthodes agricoles biologiques et naturelles, plus on a de nourriture, meilleure est notre santé, et plus la terre est saine. À partir de là, le sol se rétablira et nous aurons une abondance de nourriture.

ARRÊTER LA DÉFORESTATION

Nous devons interdire la déforestation, et nous devons planter plus d'arbres, bien sûr. Là où il y a de l'érosion ou des terres vides, nous devons planter des arbres.

La déforestation est aussi largement causée par la production de viande. Les Nations Unies estiment que la déforestation représente environ 20 % de toutes les émissions de gaz à effet de serre, presque toute la déforestation est liée à la production de viande.[86] 80 % des terres déboisées de la forêt amazonienne sont réservées au pâturage du bétail destiné à l'abattage, et le reste sert à cultiver le soja qui nourrit en grande partie les animaux.

Chaque année, nous abattons des arbres sur une superficie aussi grande que l'Angleterre simplement pour élever des animaux. C'est pourquoi notre planète se réchauffe, et par la suite de nombreux endroits connaissent des problèmes d'inondations et de sécheresse.

Une zone de forêt tropicale de la taille d'un terrain de football est détruite à chaque seconde pour produire seulement 250 hamburgers.[87]

Nous perdons 55 m^2 de forêt tropicale pour chaque hamburger de bœuf.[88]

Les forêts aussi jouent un rôle considérable dans l'absorption du CO_2. Par exemple, les forêts de la région du nord-ouest pacifique des États-Unis peuvent absorber la moitié de toutes les émissions de l'État de l'Oregon aux États-Unis.

Selon l'organisation écologiste Greenpeace, 8 % du carbone de la Terre lié à la forêt est stocké dans les vastes forêts tropicales du bassin du fleuve Congo en Afrique centrale. Les scientifiques prédisent que la déforestation continue du Congo émettra autant de CO_2 que le Royaume-Uni en a émis au cours des 60 dernières années ![89] Il est donc important de préserver la forêt tant que nous le pouvons encore.

Les arbres attirent la pluie, maintiennent le sol, arrêtent l'érosion, donnent de l'oxygène et de l'ombre, et constituent aussi un abri pour les amis vivant dans les forêts, les animaux qui, à leur tour, permettent à notre planète de bien se développer écologiquement.

La déforestation n'est pas seulement une question de modifications permanentes de la température de la planète, des pluies et des conditions météorologiques que les forêts régulent. Il n'est pas seulement question de millions de personnes qui risquent de perdre leurs moyens de subsistance dépendant des forêts. Il y a plus que cela. C'est aussi l'extinction des espèces végétales et animales qui est 100 fois plus rapide que ce qui est naturel, et cela ruine nos écosystèmes.

Heureusement, nous avons la solution à portée de main : c'est la solution végétalienne biologique. Nous devons accepter cette solution comme étant la seule et unique pour sauver notre planète maintenant.

Les terres utilisées pour le pâturage et la culture de l'alimentation des animaux pourraient devenir des forêts, ce qui aiderait à réduire le réchauffement climatique. En outre, si toutes les terres cultivables étaient transformées en terres agricoles pour des légumes biologiques, non seulement les gens seraient bien nourris, mais aussi jusqu'à 40 % de tous les gaz à effet de serre présents dans l'atmosphère pourraient être absorbés. C'est en plus de l'élimination de plus de 50 % des émissions causées par l'élevage.[90]

En somme, on élimine la plupart des gaz à effet de serre d'origine humaine en adoptant simplement le style de vie végétalien et biologique.

Conserver l'énergie

Le coût énergétique de la production de viande

La production de viande est fortement consommatrice d'énergie et totalement inefficace. Produire 1 kg de viande de bœuf consomme 169 mégajoules (169 millions de watts) d'énergie, soit assez d'énergie pour parcourir 250 km avec une voiture européenne de taille moyenne !

Un steak de 170 g coûte 16 fois plus d'énergie fossile qu'un repas végétalien composé de trois sortes de légumes et de riz.

Le président du GIEC de l'ONU, le Dr Rajendra Pachauri, souligne en outre que la viande implique un transport et un stockage réfrigérés en permanence, ainsi que la production et le transport de la nourriture des animaux, beaucoup d'emballages, beaucoup de cuisson à température élevée pendant de longues périodes, et elle génère tout un tas de déchets animaux qui doivent aussi être traités et éliminés. **La production de viande est si coûteuse et inefficace, si insoutenable que produire de la viande est une mauvaise activité.**[91]

Coût énergétique de la production de viande

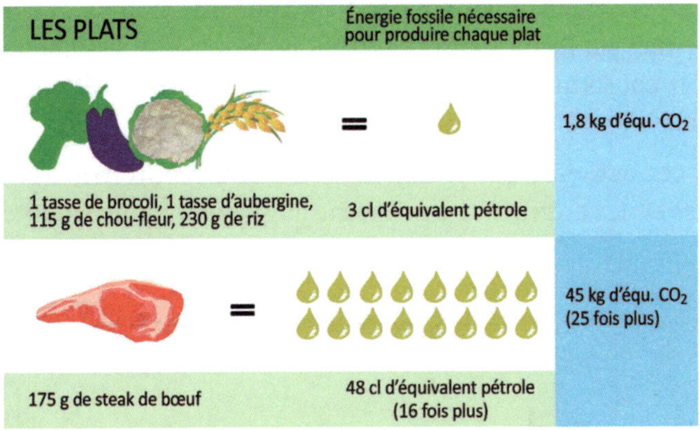

Source des données : Gidon Eshel et Pamela A. Martin, « Alimentation, énergie et réchauffement climatique », *Earth Interaction*, Vol 10 (2006), article n°9.

Le véritable coût de la viande

> « Pour produire une livre de bœuf, il faut 9 450 litres d'eau, 12 livres de céréales, 35 livres de terre arable et l'équivalent énergétique de 3,8 litres d'essence. Si tous ces coûts étaient reflétés dans le prix du produit, sans subventions, le hamburger le moins cher aux États-Unis coûterait 35 dollars. » [92]
>
> — *John Robbins*

Restaurer la biodiversité

Tout sur cette planète, nous y compris, est solidaire, et nous nous entraidons pour rendre notre vie ici confortable et habitable. Mais si nous ne le savons pas, nous nous tuons. Chaque fois que nous tuons un arbre ou un animal, nous tuons une petite partie de nous-mêmes.

Dans les océans et les courants d'eau douce, tant d'espèces de poissons ont déjà été perdues, et des milieux aquatiques complets comme les récifs coralliens ont été décimés par des pratiques telles que le chalutage et la pêche aux explosifs. Sur terre, la consommation de viande est responsable du défrichage de vastes régions pour les cultures comme le soja, destinées à l'élevage du bétail.

Avec ces activités qui pillent en fait notre biodiversité, la disparition des plantes et des animaux a connu une augmentation alarmante.[93]

État de la menace des espèces dans les évaluations exhaustives des groupes taxonomiques

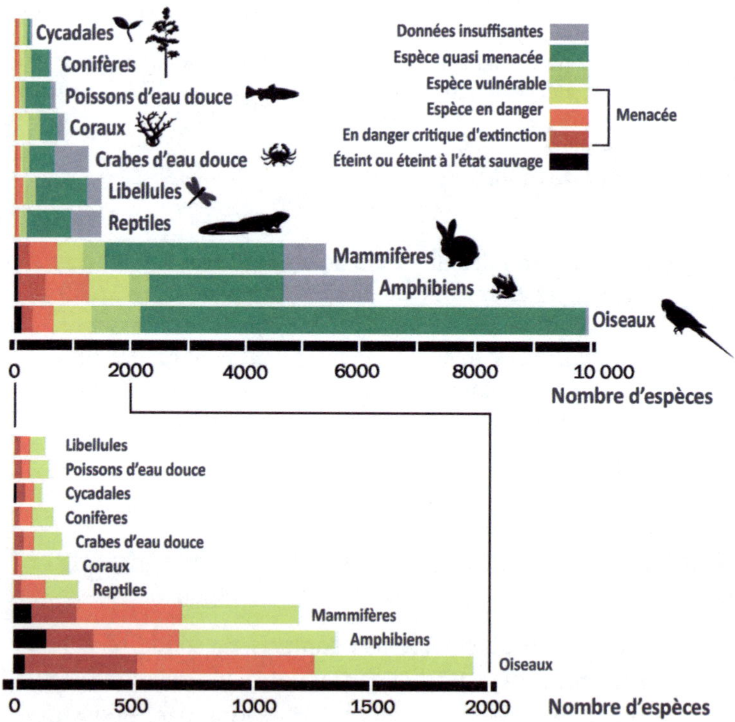

Crédit : Secrétariat de la Convention sur la diversité biologique, Perspectives 3 de la biodiversité mondiale, 2010, http://www.cbd.int/gbo/gbo3/images/GBO3-Figure4-ThreatStatusAssessedGroups.pdf

ASSAINIR RIVIÈRES ET SOLS DE LA POLLUTION

Si nous voulons vraiment préserver notre eau propre et potable pour nous et nos enfants, nous devons arrêter la production de bétail et adopter une alimentation à base de végétaux.

L'Agence de protection de l'environnement des États-Unis estime que l'agriculture, qui sert principalement à produire de la viande, est à l'origine de près des trois quarts des problèmes de pollution de l'eau du pays.[94] Une seule porcherie, avec disons 500 000 porcs, génère plus de déchets par an que les 1,5 million d'habitants de Manhattan à New York. En Virginie, même les fermes de volaille produisent 1,5 fois plus d'azote polluant que toutes les personnes vivant dans la même région. Aucune loi ne réglemente ces activités.

L'Irlande compte 1,8 million de cochons qui génèrent plus de déchets que toute la population du pays, soit 4,2 millions de personnes !

Comme la terre ne peut pas tout absorber, la plupart de l'excédent s'écoule dans nos fleuves et nos sols. Nous parlons d'une horrible quantité de matière toxique qui pose tout un tas de problèmes, comme les gaz toxiques (sulfure d'hydrogène et ammoniaque), les résidus de pesticides, les hormones, les antibiotiques et les bactéries comme E. coli qui pourraient causer et causent effectivement l'empoisonnement alimentaire et aussi la mort.

Outre les déchets, il y a le ruissellement des engrais chimiques utilisés pour les cultures destinées aux animaux. Les scientifiques ont observé que ces ruissellements provoquaient l'apparition de zones mortes ainsi que l'efflorescence d'algues toxiques, ces mousses vertes qui croissent dans l'eau.

Un tel événement s'est produit en Bretagne, en France, où se trouvent la majorité des élevages du pays et un tiers des exploitations laitières. Sur la côte bretonne, ce ruissellement de produits chimiques et de déchets allant à la mer provoque l'apparition d'algues toxiques, qui émettent de l'hydrogène sulfuré, un gaz mortel. Récemment, nous avons entendu parler aux informations d'un cheval qui est mort après avoir marché une demi-minute sur les algues. Et aujourd'hui dans cette zone, les problèmes de santé de plus de 300 personnes sont à l'étude pour la même raison.

Le pire est qu'une grande part des déchets animaux ne fait l'objet d'aucune réglementation, ce qui signifie que rien n'empêche ces contaminations de causer à nouveau des maladies ou même la mort pour un nombre considérable d'animaux et de personnes.

(Cf. annexe 9 pour plus d'exemples de pollution liée aux déchets animaux.)

ALLÉGER LES COÛTS FINANCIERS ET SANITAIRES

Économiser des milliards de dollars en coûts d'atténuation du changement climatique

Les dirigeants sont préoccupés par le coût d'atténuation du changement climatique. Cependant, la bonne nouvelle est que si le monde adoptait une alimentation sans produits animaux, alors nous pourrions réduire les coûts de moitié ou même plus. Cela signifie qu'on économiserait des dizaines de milliers de milliards de dollars.

- **Le coût du changement climatique**

> « Une étude de la Commission européenne a estimé que le changement climatique pourrait coûter jusqu'à 74 000 milliards de dollars. Une élévation du niveau de la mer d'un mètre augmenterait de 1 500 milliards de dollars les dommages provoqués par les tempêtes sur les propriétés. » [95]
>
> *— F. Ackerman et E. Stanton, scientifiques environnementaux*

> « Le coût de l'inaction pourrait atteindre 176 milliards de dollars par an d'ici 2100 pour le Japon. » [96]
>
> *— Prof. Nobuo Mimura et ses collègues*

- **Les économies liées à l'alimentation végétalienne**

> L'adoption mondiale de l'alimentation végétalienne pourrait réduire de 80 % (soit 32 000 milliards de dollars) le coût d'atténuation du changement climatique, estimé à 40 000 milliards de dollars, d'ici 2050.[97]

Minimiser les dépenses de santé

Les risques sanitaires de la consommation de viande sont de plus en plus évidents de nos jours. On donne au bétail de façon routinière des quantités excessives d'hormones et d'antibiotiques qui, lorsqu'elles sont consommées dans la viande, peuvent à leur tour menacer la vie humaine.

Il y a aussi des produits dérivés toxiques issus des abattoirs comme l'ammoniaque et le sulfure d'hydrogène. Compte tenu de leur toxicité extrême, ces substances nocives ont causé la mort d'employés.

En tant que soi-disant nourriture, la viande est tout simplement l'un des produits les plus malsains, nocifs et insalubres que les humains pourraient ne jamais ingérer. Nous ne devrions jamais manger de viande du tout si nous aimons et apprécions notre santé et notre vie. Sans la viande, nous pourrions vivre plus longtemps, en meilleure santé et plus intelligemment.

Il a été démontré scientifiquement que la viande provoquait toutes sortes de cancers, ainsi que des maladies cardiaques, de la tension artérielle, des accidents vasculaires cérébraux et l'obésité – la liste est encore longue. Toutes ces maladies tuent des millions de gens chaque année. Des millions et des millions de gens meurent de maladies liées à la viande, et des millions d'autres sont gravement malades et handicapés. Les tragédies causées par le régime carné sont sans fin. Nous devrions savoir cela à présent grâce à toutes les preuves scientifiques et médicales.

Nous n'avons même pas parlé des conditions répugnantes du milieu confiné où sont gardés les animaux jusqu'à leur abattage, ce qui favorise la transmission de maladies comme le virus de la grippe porcine. En fait, certaines maladies transmises par la viande, comme la maladie de la vache folle transmise à l'homme, deviennent tragiquement mortelles dans tous les cas. Toute personne qui contracte la maladie de la vache folle est destinée à mourir, ce qui est triste et douloureux. D'autres contaminants tels que l'Escheria Coli, la salmonelle... peuvent aussi provoquer de graves problèmes de santé, des dommages à long terme et conduisent parfois même à la mort.

Dans un monde végétalien, il n'y aurait pas de tristes histoires au sujet d'un enfant qui meurt de lésions cérébrales ou de paralysie due à l'E. coli, cette bactérie mortelle qui provient presque toujours d'animaux d'élevage. Il n'y aurait plus de chagrin provoqué par une pandémie mortelle de grippe porcine, ou de maladie de la vache folle, de cancer, de diabète, d'accidents vasculaires cérébraux et de crises cardiaques, de salmonelle, de virus Ebola, etc. De même, le SIDA que nous craignons tant est dû aussi, à l'origine, à la chasse d'animaux tués pour être mangés. Les maladies animales des milieux sales et horribles des élevages sont responsables de 75 % de toutes les maladies infectieuses émergentes.

Même le lait, que l'on nous décrit officiellement comme bon pour nous, est au contraire un poison et provoque des maladies (et beaucoup de pertes financières). En voici quelques-unes : microbes bactériens, pesticides et enzymes trouvés dans le fromage, issus des parois intérieures de l'estomac d'autres animaux, cancer du sein, de la prostate et des testicules dû aux hormones présentes dans le lait, listeria et maladie de Crohn, hormones et graisses saturées qui provoquent l'ostéoporose, l'obésité, les diabètes et les maladies coronariennes.

- **Coût sanitaire de la viande et des produits laitiers**

Les maladies cardio-vasculaires ont coûté 503,2 milliards de dollars aux États-Unis en 2010.[98]

Le traitement du cancer coûte 6,5 milliards de dollars par an aux États-Unis.

Le traitement du diabète coûte 174 milliards de dollars par an aux États-Unis.

Le coût des traitements individuels liés au surpoids s'élève à 93 milliards de dollars par an aux États-Unis.[99]

ACHETER DU TEMPS POUR LES TECHNOLOGIES VERTES

Nous ne pouvons pas réduire le CO_2 si rapidement, car nous n'avons pas, pour l'heure, d'autres inventions technologiques pour remplacer celles que nous avons. Combien de voitures électriques voyez-vous sur les routes des États-Unis ? Combien de CO_2 est ainsi évité ? Pas grand-chose. Mais la pollution par le méthane provient de l'élevage, donc si nous l'arrêtons, il n'y aura plus de réchauffement !

Il existe déjà une technique de pointe qui permet de capturer le CO_2 et de le mélanger à de l'eau de mer pour fabriquer du ciment. Cela permettra de réduire le CO_2 émis par d'autres méthodes de production du ciment et aussi de réduire le nouveau CO_2 qui pollue l'air. Mais tout de même, toutes les nouvelles technologies prennent beaucoup de temps pour être développées et mises sur le marché.

Selon le Programme des Nations Unies pour l'environnement, les paysages naturels de prairie et de forêt sont plus efficaces pour absorber le CO_2 que la technologie de capture du carbone. Par ailleurs, je pense que ces techniques sont risquées, puisqu'elles n'ont pas encore été testées. Que faire si le carbone se répandait à nouveau en quantité concentrée dans l'atmosphère ? Si nous le capturons année après année, décennie après décennie, et que quelque chose se passe et une fuite se produit, que ferons-nous ?

Ainsi avec l'alimentation végétalienne, nous mangeons ce qu'il y a de mieux pour notre santé, les animaux et l'environnement, et la nature fait le reste pour rétablir l'équilibre et sauver notre monde.[100]

II. C'EST LA SOLUTION LA PLUS RAPIDE ET LA PLUS ÉCOLOGIQUE

REFROIDIR LA PLANÈTE IMMÉDIATEMENT

Marianne Thieme, cofondatrice du Parti pour les Animaux aux Pays-Bas, a énoncé clairement les avantages environnementaux de la réduction de viande dans l'alimentation. Par exemple, si tous les Britanniques s'abstenaient de manger de la viande pendant 7 jours par semaine, cela reviendrait à rendre nulles les émissions de la moitié des 25 millions de maisons du pays. En s'abstenant 6 jours par semaine, ce serait comme si 29 millions de voitures du pays étaient totalement retirées de la route.

- ***La comparaison avec le régime omnivore classique***

Économies d'émissions selon le régime alimentaire

Gaz à effet de serre de différents régimes alimentaires par personne et par an, présentés en kilomètres parcourus par une voiture*

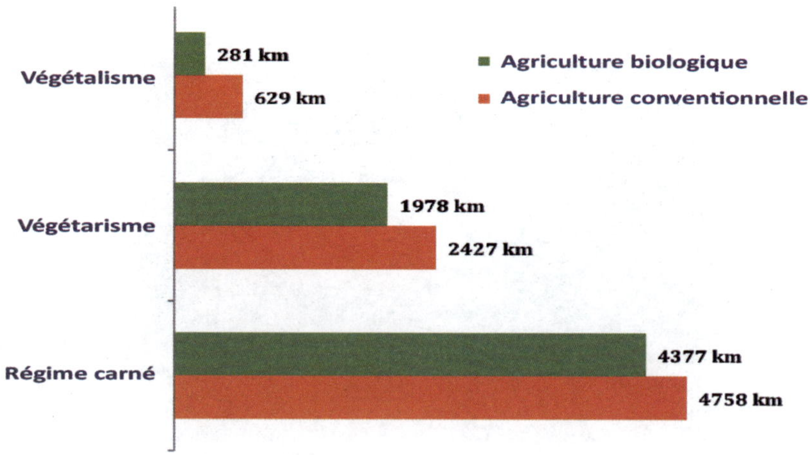

* équivalent aux émissions de CO_2 d'une BMW 118d (119 g CO_2/km)

Source des données : Foodwatch, Le biologique : un sauveur du climat ? Le rapport de Foodwatch sur l'effet de serre de l'agriculture conventionnelle et biologique en Allemagne. Mai 2009, p. X

- **Un régime biologique carné permet d'éviter 8 % d'émissions de GES.**
- **Un régime végétalien sans produits animaux produit 1/7e des émissions de GES d'une alimentation carnée - soit 86 % d'économies d'émissions de GES.**
- **Un régime végétalien bio entraîne une réduction de 94 % des émissions de GES.[101]**

— *Rapport de Foodwatch sur l'effet de serre de l'agriculture conventionnelle et biologique en Allemagne. Mai 2009, p. X*

Par conséquent, l'alimentation végétalienne est à la fois la politique verte la plus écologique, l'action verte la plus écologique et l'action la plus compatissante et la plus héroïque qui sauve des vies.

La raison est basée sur l'effet important de refroidissement planétaire qu'apporte la suppression du méthane dans l'atmosphère, ce qui se produit quand nous adoptons l'alimentation végétalienne biologique. Et en plus de supprimer les dangereuses émissions de méthane, les méthodes du labour biologiques peuvent en fait stocker 40 % du méthane dans le sol. Donc être végétalien permet non seulement d'éliminer des émissions importantes, mais aussi d'absorber encore plus de carbone de l'atmosphère.

Et avec cette approche, nous œuvrons pour sauver le monde. Le passage à une alimentation sans produits animaux retire en effet toute la production de méthane et de ses polluants associés, sans parler de la cruauté envers les animaux, ce qui aidera à inverser ces catastrophes planétaires telles que les tsunamis, les inondations, les tempêtes, les typhons, les glissements de terrain, etc.

En fait, le responsable de la Convention-Cadre des Nations Unies sur les Changements Climatiques, M. Yvo de Boer, avait indiqué en juin 2008 que « la meilleure solution serait pour nous tous de devenir végétariens. » Il voulait dire végétaliens.

SOYEZ VÉGÉTALIENS : LE MODE DE VIE LE PLUS ÉCOLO

Arrêter la production de viande économise 80 % du coût total – évalué à 40 000 milliards de dollars – de la réduction du réchauffement mondial, utilise 4,5 fois moins de terre pour cultiver la nourriture, préserve jusqu'à 70 % d'eau propre, et empêche que 80 % de la forêt amazonienne ne soit détruite du fait du pâturage. C'est aussi une solution à la famine mondiale, qui libère jusqu'à 3,4 milliards d'hectares de terre, qui économise 760 millions de tonnes de céréales chaque année (la moitié de l'approvisionnement en céréales dans le monde) et un tiers des carburants fossiles utilisés pour la production de viande, qui réduit la pollution liée aux déjections animales, qui garde l'air propre, qui évite 4,5 tonnes d'émissions par ménage américain et par an, et qui arrête 80 % du réchauffement mondial. La liste est longue.

Une étude menée aux États-Unis a montré que l'agriculture biologique préservait la couche arable et maintenait les masses d'eau propres ; si elle était utilisée dans le monde entier, elle aurait le potentiel d'absorber et de stocker environ 40 % de toutes les émissions actuelles de CO_2 chaque année. Ce serait un avantage direct pour notre Terre.

Les autres aspects bénéfiques de l'agriculture biologique végétalienne portent notamment sur la rotation des cultures, le paillage et les engrais naturels. La rotation des cultures signifie qu'un champ est ensemencé de cultures différentes à chaque saison. Cette approche favorise la variété des plantes, maintient leur santé, et aussi restaure la fertilité et les nutriments du sol. D'autres méthodes comme le paillage et même une nouvelle méthode biologique sans labour aident à retenir l'humidité et à réduire considérablement l'érosion des sols.

Donc, en général, l'agriculture biologique végétalienne suit une philosophie de vie en harmonie avec la nature et la protection de la planète et de tous les êtres. Les méthodes employées soutiennent l'équilibre naturel entre l'agriculture et l'environnement. Au fil du temps, la combinaison de ces soins et de ces pratiques associées aux techniques disponibles peut grandement aider à rétablir l'équilibre suite aux problèmes survenus dans le passé.

Manger des produits locaux et manger de la viande biologique ?

Fait intéressant, les études montrent que manger des produits locaux n'est pas aussi bien que manger végétalien. En effet, des scientifiques de l'université Carnegie Mellon ont calculé qu'une alimentation végétalienne réduit de plus de 7 fois les émissions par rapport à un régime carné 100 % local. **Donc manger végétalien est encore mieux que manger local.**

Une autre étude, menée par le Foodwatch en Allemagne, a constaté que passer d'un régime carné à un régime carné bio évitait seulement 8 % des émissions, alors qu'adopter un régime végétalien non-biologique, même un régime végétalien non-biologique, réduisait les émissions de 86 %.[102] Ainsi, nous sauvons la planète en étant végétalien, même non-biologique ! Et donc, en réalité, le biologique est correct et le local est formidable, mais, la première étape est au moins d'être végétalien, biologique ou non.

Même la viande dite biologique n'est en fait pas écologique du tout ; elle nécessite même plus de terres et d'énergie que la viande non-biologique issue de l'élevage industriel. Pouvez-vous le croire ? Ainsi, cela n'aide même pas d'essayer d'élever des animaux de façon biologique. La soi-disant volaille biologique « durable, élevée en plein air » par exemple, requiert 20 % d'énergie en plus et a 20 % d'impact en plus sur le réchauffement planétaire que l'élevage non-biologique de volaille. Pensez-y. Ainsi, nous avons été induits en erreur tout ce temps.

III. Donner la vie pour sauver la vie

Avant d'attendre que le lion ne se couche paisiblement aux côtés de l'agneau, nous humains devrions être les premiers à le faire.

Manger de la viande tue les animaux et les humains

Manger de la viande est la plus grande cruauté qu'on puisse commettre, même à notre égard. Car même si nous ne tuons pas les animaux nous-mêmes, nous sommes tout de même responsables de leur mort.

Pour la viande, nous en tuons littéralement des milliards. 55 milliards – soit 8 fois la population humaine dans le monde – est le nombre ahurissant d'animaux tués pour la consommation humaine chaque année ![103] C'est même sans comptabiliser les nombreux milliards de poissons qui périssent, avec une perte totale qui se traduit par plus de 155 millions d'êtres tués chaque jour.

La production laitière est rattachée à la viande parce que la cruauté et la torture sont les mêmes, et le résultat final est une mort horrible pour les pauvres animaux. Il n'y a pas non plus de pitié dans l'industrie laitière.

Les humains meurent aussi, chaque année, à cause de la viande et du poisson, et tout ce qui est lié à la consommation animale. Près de 33 millions de gens succombent chaque année aux maladies liées à la viande, telles que maladies coronariennes, cancers et autres qui emportent plus de 90 000 vies chaque jour.

Et puis, il y a ceux qui ne peuvent pas obtenir de nourriture car les céréales dont ils ont besoin sont utilisées pour nourrir les animaux qui seront tués pour la viande. Chaque jour, 25 000 personnes meurent de faim indirectement, et là aussi à cause de la viande.[104]

Nous avons des centaines de milliers de personnes qui meurent chaque année, victimes du fait que la viande cause le réchauffement de la planète. Et nous avons des dizaines de millions d'autres qui sont devenues des sans-abri à cause du changement climatique. Nous appelons ces gens des « réfugiés climatiques », si un tel terme existe ; en fait, ils n'ont aucun statut.

Et cela n'inclut pas les animaux sauvages et domestiques innocents qui souffrent à cause des problèmes liés à la viande.

La viande entraîne le réchauffement mondial et tue, tue, et tue encore ! Par conséquent, la VIANDE est un meurtre, un crime qui doit être arrêté.

L'ABATTAGE DES ANIMAUX : UN CRIME AUX PROPORTIONS MONDIALES

Il n'y a pas de plus grande crise morale que celle qui est créée par le massacre en masse d'êtres vivants réputés doux et innocents pour notre plaisir, quand nous avons d'autres choix. Ce massacre est un crime aux proportions mondiales. Et cette énergie de tuerie crée et renforce d'autres énergies négatives, ce qui dégrade notre société et détruit notre monde.

Nous avons produit beaucoup, beaucoup, beaucoup d'énergie négative en exterminant des milliards et des milliards de vies d'êtres sensibles innocents, et même en tuant des millions de nos frères humains au fil des millénaires directement ou indirectement. Directement, par les guerres, indirectement par les maladies que nous créons, comme la peste bubonique, la peste pneumonique et maintenant la grippe porcine, la grippe aviaire, etc.

Ce n'est pas une coïncidence si la cause majeure du réchauffement mondial est la consommation de viande. Et la cause principale de nombreux problèmes de santé dans notre monde est aussi dérivée de la consommation de viande. Donc, si manger de la viande est de la cruauté envers les animaux, manger de la viande est de la cruauté envers notre bien-être, manger de la viande est de la cruauté envers le bien-être de nos enfants, manger de la viande est de la cruauté envers la planète. Soyons végétaliens, et nous n'aurons jamais à souffrir des nombreux types de conséquences, jamais, jamais.

Nous devons stopper le meurtre des hommes ou des animaux. Nous devons arrêter de produire des produits animaux. Et nous devons cesser de les utiliser. **Trois arrêts : arrêter de tuer ; arrêter de produire ; arrêter d'utiliser. Et arrêter d'en manger bien sûr, arrêter de manger de la viande.**

Lorsque les gens comprennent l'horrible vérité derrière l'élevage et l'innocence de tous les animaux qui sacrifient leur vie, il est facile de voir que la consommation de la chair morte d'un autre être est non seulement inutile, mais elle nous laisse aussi avec une traînée de traces sanglantes.

RÉTABLIR L'HARMONIE AVEC LA NATURE

Nous devrions tous nous rappeler que nous partageons cette demeure planétaire, l'eau, l'air, les ressources, la nourriture, toute la nature, nous ne faisons que les partager. Soyez végé, devenez écolo et sauvez aussi la planète des animaux. C'est vraiment la meilleure façon de restaurer notre environnement et de garantir le plus haut degré de paix.

« Nous faisons partie de la Terre et elle est une partie de nous-mêmes. Les fleurs parfumées sont nos sœurs, le cerf, le cheval, le grand aigle, sont nos frères. Qu'est l'homme sans les animaux ? »

« Si tous les animaux disparaissaient, l'humanité mourrait d'une grande solitude spirituelle. Les pics rocheux, les sillons humides de la campagne, la chaleur physique entre le cheval et l'homme – tous appartiennent à la même famille.
La Terre n'appartient pas à l'homme,
c'est l'homme qui appartient à la Terre. »

— Chef Sealth, chef amérindien des Duwamish, qui a donné le nom de la ville de Seattle dans l'État de Washington, États-Unis

Imaginez notre planète sans aucun animal. Tous les chiens disparus, les chats disparus, les oiseaux disparus, les poissons disparus, les buffles disparus, les éléphants disparus ; imaginez, qu'aucun animal ne survive, comment vivrions-nous ? Comment notre vie pourrait-elle être abondante ? Elle serait très vide et dépourvue de sens.

Si nous respectons toutes les vies, alors nous ne prenons pas de vies. La Terre fournit tout en abondance aux humains et aux animaux. Nous n'avons pas besoin de prendre une voie qui blesse ou qui nuit à un autre être. Cela veut dire un régime sans produits animaux, encore et encore, et encore.

Si toute l'humanité vit avec le régime sans produits animaux et vit dans le respect de la nature et des autres vies, alors nous aurons un paradis sur Terre. Tout sera pardonné, tout ira bien. La planète se rétablira, les animaux seront reconnaissants, les humains seront en bonne santé, et tous seront heureux et bénis. C'est tout ce qu'il y a à faire : être végétalien.

LES ANIMAUX APPORTENT L'AMOUR AU MONDE

Les animaux viennent vraiment pour aider l'humanité. Comme la Bible le dit : « Je les ai créés pour vous accompagner et vous aider. » Il en est vraiment ainsi. Mais tous les humains ne savent pas profiter de cette aide, et c'est dommage. Au lieu de cela, ils les tuent.

Tout ce que Dieu met sur Terre a un but. Nous ne devrions rien tuer. Nous ne devrions manger rien d'autre qu'une alimentation à base de végétaux.

Les animaux viennent sur cette planète avec un rôle particulier. Beaucoup d'entre eux sont en mesure d'apporter un pouvoir divin du Ciel, ou de l'amour, simplement par leur présence parce qu'ils sont très connectés au Divin tout le temps. Certains, comme les chevaux et les lapins, peuvent protéger leurs compagnons humains des influences négatives, ou les stimuler avec une bonne santé, de la chance, et même de la fortune matérielle, de la joie ou de l'élévation spirituelle. Ils veillent sur nous silencieusement, et envoient humblement des bénédictions sur notre chemin. Certains d'entre eux sont issus de niveau de conscience plus élevé ; ils sont uniquement descendus sous une forme animale pour aider l'humanité ou d'autres êtres sur la Terre.

Les animaux ont aussi des rôles très nobles et vitaux dans le domaine physique. Certains animaux, comme les zèbres, les singes et les perroquets sauvages, aident à disperser les graines, tandis que les abeilles et les autres insectes contribuent à la pollinisation des cultures et autres plantes, et d'autres animaux préservent la santé des forêts et des océans. Les animaux aident aussi directement les humains.

J'ai lu dans les journaux, j'ai entendu à la radio et j'ai vu à la télévision tant d'histoires de nobles animaux qui sauvent des personnes. Ils sauvent leur famille au détriment de leur propre vie. Nous devrions donc apprendre de tous ces animaux d'or.

(Cf. annexe 10 sur les intuitions spirituelles du Maître Suprême Ching Hai sur la QN, ou Qualité Noble, et la QA, ou Qualité Aimante, des animaux et des humains.)

Créer l'Éden sur la Terre

Le mode de vie végétalien biologique faisant partie de la mission héroïque de chacun, les efforts que nous menons ensemble apporteront sûrement un monde sûr aux humains et à nos cohabitants animaux bien-aimés.

Ce sera comme l'Éden sur la Terre, où tout le monde aura égal accès aux services et ressources collectifs. Tout sera réparti uniformément et chacun sera respecté, aimé et bien pris en charge comme le suivant, le dernier ou le premier.

Dialogue entre Maître et Disciple :

Q : Maître, pourriez-vous expliquer en quoi une relation aimante entre les humains et les animaux affecterait notre planète ?

M : Eh bien, ce serait une grande paix sur Terre, je veux dire la PAIX en majuscule.

4 ADOPTER DES LOIS ET DES POLITIQUES VÉGÉTALIENNES

J'espère que les gouvernements voudront bien voter une loi interdisant l'élevage et l'abattage des animaux.

S'ils sont de vrais dirigeants qui s'engagent à protéger leur peuple, à améliorer leur pays à bien des égards, la première mesure à prendre est d'arrêter l'industrie de la viande, d'arrêter l'industrie du poisson, d'arrêter l'industrie des produits laitiers.

Alors notre planète redeviendra comme avant, et sera même encore plus belle.

I. Les dirigeants du monde doivent montrer l'exemple

Être végétalien

Je voudrais demander aux dirigeants du monde d'utiliser leur puissant pouvoir pour changer le régime alimentaire de la planète et adopter immédiatement les nouvelles technologies et l'énergie durable ; de montrer l'exemple en devenant végétariens ou végétaliens ; de modifier leur alimentation ; d'utiliser leur grand pouvoir et le modèle qu'ils représentent pour définir un nouveau régime pour la planète : l'alimentation végétalienne.[105]

Ils doivent d'abord être végétaliens ; ainsi utiliseront-ils vraiment leur pouvoir. Comme ils ont pu interdire de fumer, ils peuvent aussi interdire la viande en citant tout le mal qu'elle peut faire aux êtres humains et à la planète. Ils peuvent faire cela, comme ils l'ont fait pour l'interdiction de fumer.

Agir conformément au principe de l'amour

Les dirigeants doivent aussi se changer eux-mêmes, puis modifier notre système social de sorte qu'il devienne plus libre, plus spirituel et plus élevé moralement. Ils portent cette responsabilité – tout deviendra plus lourd s'ils n'agissent pas avec la nature miséricordieuse et le plan progressif du Ciel, et qu'ensuite ils n'observent toujours pas le principe de l'univers.

Le premier principe et le plus important, c'est le principe de l'amour. Tout ce qu'ils font en fonction de ce principe est bien, je veux dire profitable pour les autres. Assurer le progrès des peuples, la protection de tous et le respect de toute vie correspond au principe de l'amour. Tout ce qui va à l'encontre de ce principe aura pour effet d'attirer des catastrophes sur eux, leur pays ou la planète dans son ensemble.

Si ces dirigeants essaient de prendre une orientation plus spirituelle pour trouver leur vrai Soi, ils sauront qu'ils sont vraiment glorieux, bienveillants, aimants, bons, sages et divins. Ils verront alors par eux-mêmes leurs récompenses. Mais cela dépendra de la grandeur de leur sincérité pour apporter de l'aide à l'humanité, aux animaux et à l'environnement.

S'ils essaient de leur mieux et avec sincérité d'aider le monde et un grand nombre de gens, cela est magnifique, et c'est bien sûr la gloire du Ciel qui les attendra. Voyez-vous, Dieu connaît notre cœur et nos actions.

II. LES GOUVERNEMENTS DOIVENT PRENDRE DES MESURES URGENTES

LE STYLE DE VIE À BASE DE VÉGÉTAUX

Les dirigeants des pays doivent faire quelque chose. Les peuples de toutes les nations doivent faire quelque chose. Ce n'est pas parce que nous pouvons encore rester assis ici gentiment à discuter, ce n'est pas parce que dans notre région il n'y a pas encore eu de pénurie d'eau ou de hausse des prix alimentaires, que cela signifie que ça ne nous arrivera pas bientôt.

Nous devons faire quelque chose pour éviter la tragédie qui se produit déjà pour des milliards de personnes. Il y a déjà un milliard de gens affamés à cause du changement climatique, qui manquent d'eau et de nourriture. Alors, s'il vous plaît, prenez des mesures dès maintenant. C'est très simple, il suffit d'être végétalien. Être végétalien est vraiment suffisant pour le moment, et ce sera suffisant pour se projeter vers un lointain futur.

DIFFUSER DES INFORMATIONS SUR LE MODE DE VIE À BASE DE VÉGÉTAUX

Les gens ne sont pas très bien informés sur ce qu'il y a dans leur assiette. En général, le petit bout de viande emballé qui sera dans leur assiette ne donne aucune indication sur sa provenance.

Ce qu'on appelle la tradition continue de se transmettre d'une génération à une autre. Et toute la société la soutient tout simplement, un peu comme un mode de vie naturel. Mais aujourd'hui, les gens sont plus conscients des cruautés que nous infligeons aux animaux. Je pense donc que nous, les humains, sommes en train de nous tourner vers plus de compassion et de respect pour toute vie.

Cependant, beaucoup d'entre nous ne sont pas encore conscients des émissions nocives de l'élevage industriel, ni du fait que cette tuerie engendre elle-même de la tuerie. De plus ils ne sont pas conscients que la viande est un autre type de poison qui les rend dépendants. Ils ne sont pas conscients que la viande détruit notre planète.

Les gouvernements doivent expliquer aux gens que maintenant c'est vraiment dangereux et que c'est réellement urgent pour eux d'arrêter de manger de la viande. **Ce n'est plus une question de choix personnel, mais une question de vie ou de mort au niveau planétaire.**

Dans le cas d'un désastre imminent, les gouvernements doivent évacuer les gens en très peu de temps. En cas de guerre, les gens sont toujours informés sur la façon de se protéger. Les gouvernements engagent même de nouvelles recrues dans l'armée, afin qu'elles puissent partir protéger leur pays et faire la guerre.

Mais dans le cas présent, c'est une urgence encore plus grande que la guerre. Je suis sûre que le gouvernement trouvera la solution à cela. Je suis certaine que le peuple peut être informé dans tout le pays puisque le gouvernement a le pouvoir de faire cela.

Les gouvernements doivent aider à diffuser plus d'informations qui encouragent à adopter un mode de vie alimentaire végétalien. Il suffit pour cela de bombarder la planète entière d'une nouvelle énergie de compassion, d'amour et de santé, et tout le monde rejoindra cette idée. Cette énergie de soutien est très importante.

Les gouvernants doivent le faire savoir partout, distribuer des prospectus donnant ces informations et en faire une action publique. Ils doivent apporter un soutien officiel et faire savoir à tout le monde les avantages de l'alimentation végétalienne. Ils doivent aussi créer des sites Web pour y éditer des menus végétaliens, des cours de cuisine végétalienne, des adresses de clubs végétaliens, etc, et tout cela gratuitement. **En rendant cela officiel, tout le monde suivra cette orientation heureuse vers un nouveau changement mondial.**

Le plus important est que l'humanité et tous les citoyens du monde entier arrivent à connaître le grand bénéfice qu'apporte le fait de devenir végétalien pour sauver la Terre. Ils devraient savoir combien notre situation actuelle est dangereuse et urgente.

Ils devraient aussi savoir combien le régime végétalien, le régime qui ne tue pas, peut être bénéfique à l'humanité, sans même parler de l'aspect moral. Nous parlons tout d'abord de l'avantage du régime végétalien sur notre santé et pour sauver la planète. Nos enfants auront ainsi une maison pour vivre à l'avenir.

Nous n'avons que cette maison-ci : la Terre. Si celle-ci est détruite, une autre ne peut pas être construite à la place ; contrairement à une maison qui peut être reconstruite, nous ne pourrons pas reconstruire une autre Terre si celle-ci est détruite car ce n'est pas en notre pouvoir. Par conséquent, l'action la plus importante que les gouvernements doivent mener est de diffuser l'information au public.

INTERDIRE LA VIANDE COMME IL A ÉTÉ INTERDIT DE FUMER

Le végétalisme doit être un mode de vie.
Il ne devrait plus y avoir de discussion.

Nous devons interdire la viande. Nous l'interdisons d'ailleurs déjà en montrant aux gens comment manger et cuisiner végétalien. Nous devons tous sortir et informer puisque c'est vraiment pour notre survie. Faites-en votre mission dans la vie : informez les gens sur le danger de manger de la viande et montrez-leur la solution.

Ils ont pu interdire le tabac, et de fait il est interdit. Ils ont interdit les drogues, et de fait elles sont interdites. Il en va de même avec la politique relative au changement climatique. S'ils font simplement ce qu'ils savent être bon, alors ce sera rapide. En peu de temps, nous inverserons ou arrêterons l'effet destructeur.

Car si nous n'élevons plus de bétail ou d'animaux, alors la Terre sera plus durable : il n'y aura plus de gaz à effet de serre ou de méthane produit par les animaux, il n'y aura plus besoin de les multiplier tout le temps. Ceux que nous avons déjà, nous les gardons, mais il ne faut plus d'élevage pour faire du profit avec leur viande. Alors la Terre se rétablira. Après un certain temps, les vaches retourneront à leur façon naturelle de vivre, puis toutes les terres seront à nouveau couvertes d'arbres et de légumes cultivés.

Si l'on compare la mode du tabac, qui est une autre substance tueuse comme la viande ; c'est seulement après 1950, quand la première recherche importante sur le tabac est sortie démontrant que fumer provoquait le cancer du poumon, que le gouvernement a commencé à faire appliquer l'interdiction de fumer. Progressivement, et de plus en plus jusqu'à aujourd'hui, l'interdiction de fumer en public s'est étendue, et est désormais appliquée dans plus de 80 pays.[106]

Des études montrent que l'interdiction de fumer a effectivement aidé les gens à cesser de fumer, et les anciens fumeurs sont plus heureux grâce à l'interdiction, car ils savent que leur habitude était mauvaise pour eux.

De même, il faut interdire la viande, car nous savons tous aujourd'hui par le biais d'études, que c'est une très mauvaise habitude qui nous tue, ainsi que nos enfants, nos proches et notre planète.

Ainsi l'interdiction de la viande sera une décision forte pour soutenir la tendance vers un monde végétalien. Pourquoi ? Parce qu'un bon dirigeant arrête ce qui est mauvais pour son peuple et encourage ce qui est bon pour lui. Il peut faciliter – par des campagnes grand public, via les médias et les écoles – l'information sur les avantages d'un mode de vie sain qui sauve des vies et la planète.

NOUS N'AVONS PAS D'AUTRE CHOIX

Soit nous changeons, soit nous partirons tous

Tout d'abord, nous devons savoir que nous n'avons pas d'autre choix que de changer, que ce soit cela ou la planète. Soit nous changeons, soit nous partirons tous. Il n'y a plus le choix.

Si nous n'arrêtons pas l'élevage ainsi que la pratique de la consommation de la viande, nous ne pourrons pas sauver la planète, ni même ceux qui font le commerce de la viande. Alors, je pense que nous devons choisir entre notre vie et notre carrière. Nous devons évidemment d'abord survivre ; nous devons penser aux habitants de la planète dans son ensemble et pas seulement au commerce. C'est vraiment une urgence.

Compte tenu de cette nécessité critique, ces gens qui sont liés économiquement à l'industrie de la viande seront prêts à changer s'ils sont correctement informés et savent combien il est important de changer leur mode de vie et leur carrière. Ils ont de fortes motivations. Par exemple, la première est de sauver la planète d'une catastrophe climatique, de sauver toutes les vies de ce monde.

Si nous ne l'arrêtons pas, nous continuerons dans une course vers une catastrophe totale et une extinction de masse, qui nous concerne tous, que vous soyez ou non dans le secteur de la viande, son transport, etc, ou un emploi lié à l'industrie de la viande.

Arrêtons de tuer les animaux et de faire des guerres, et reconstruisons le pays

Les dirigeants doivent savoir ce qui est prioritaire. Quelle est l'utilité de se soucier de la guerre ou de sa position sociale ou de toute autre chose, quand la planète va être détruite ? Tous les dirigeants doivent donc désormais se concentrer sur la sauvegarde de notre planète et aussi sur la diffusion d'informations et la promulgation de nouvelles lois pour que les gens puissent vivre une vie pleine de bienveillance.

Il n'est même pas nécessaire d'avoir des lois, mais c'est peut-être mieux et un peu plus concret ; sinon, la population est prête. C'est seulement que les gouvernements doivent accepter d'instaurer davantage de règles qui rappellent aux gens d'être bons, d'être vertueux, d'adhérer à la loi de l'amour, comme celle de ne pas tuer, de ne pas manger d'animaux, et de ne faire de mal ni à eux-mêmes ni aux autres êtres humains, ou encore à l'environnement.

Il faut des actions plus concrètes et plus dynamiques. Tout d'abord, toutes les guerres doivent cesser. L'argent et les biens doivent seulement soutenir et nourrir tous les êtres – il faut distribuer tous les biens de la planète à tous. Si par exemple, il n'y avait plus de guerres, tout l'argent lié à celles-ci pourrait nourrir le monde entier pendant de nombreuses décennies.

Et toutes les tueries et les tortures d'humains ou d'animaux doivent cesser. Toute déforestation, endommagement de l'environnement et destruction des arbres, tout ceci doit cesser. Les dirigeants ne feront des lois que pour ce qui est bénéfique, pacifique et si possible spirituel aussi, pour tous, comme la protection des vrais groupes spirituels, ces groupes qui sont inoffensifs et bénéfiques.

Partager les richesses entre tous : redistribuer assez de nourriture et de vêtements aux humains et aux animaux dans le besoin. Établir des zones protégées pour tous, pour les humains ainsi que pour les animaux – protéger toutes les vies. Reconstruire les forêts, nettoyer les rivières, les lacs, les océans et les protéger ; récompenser les groupes écolos et de défense des animaux. Se débarrasser de l'alcool et des drogues, de la viande et des produits animaux. Les tests de laboratoire impliquant de la cruauté envers les animaux doivent cesser. Se débarrasser des élevages intensifs. Faire en sorte que les détenus ainsi que les militaires aillent aider les gens à planter des légumes ou à mener des actions productives. Faire la promotion et aider la culture de légumes bio. Accorder des subventions aux domaines liés à l'éducation et à la santé.

La production et le commerce d'armes doivent être réduits à zéro. Nettoyer notre société de tous les produits et activités véreux et préjudiciables. Assurer la sécurité et le confort de tous, afin que personne ne puisse commettre d'infractions par manque de nécessités de base et d'éducation. Éliminer les frontières et assurer à tous le même statut et le même respect de la citoyenneté.

Si les gouvernements doivent encore conserver des armées, ils devraient alors les ré-entraîner à porter secours aux gens lors de catastrophes, en cas

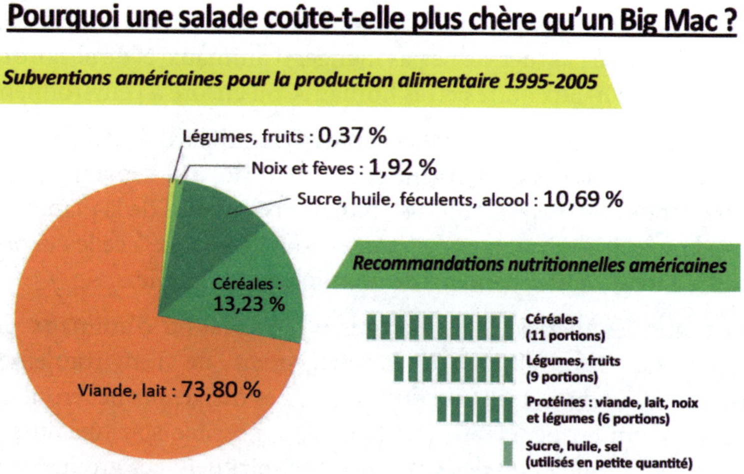

Source des données : Comité des médecins pour une médecine responsable, Santé vs porc : Le Congrès débat du projet de loi sur les fermes, Good Medicine, vol. XVI, 4 (automne 2007) www.pcrm.org/magazine/gm07autumn/health_pork.html

d'urgence, et à aider les gens à reconstruire leurs maisons à chaque fois que cela s'avère nécessaire. Tout ceci devra être effectué et même plus encore. Les gouvernements et leurs dirigeants doivent faire – ou devraient avoir déjà fait – de leur mieux pour mettre en œuvre des actions qui favorisent tout ce qui à pour but d'aider d'autres personnes, les citoyens, les animaux et l'environnement.

L'INDUSTRIE DE LA VIANDE EST UNE ACTIVITÉ DÉFICITAIRE

Elle est inefficace dans l'utilisation de l'énergie et des ressources

L'industrie est une mauvaise, mauvaise, mauvaise activité, et elle n'est pas du tout rentable pour la planète entière, pour tout le monde. C'est une industrie très inefficace, avec des coûts de production très élevés en électricité, en eau et en céréales pour produire la même quantité de ce qu'on appelle de la « nourriture », qui est remplaçable. Nous avons une meilleure nourriture que la viande.

Elle dépend des subventions et des recettes fiscales

Par exemple, si le gouvernement n'accordait aucune subvention à l'industrie de la viande, le hamburger, que certaines personnes mangent et qui est produit par l'abattage des forêts en Inde, coûterait 200 dollars ! [107]

Aux États-Unis, avant même que la grippe porcine n'infecte les élevages de porcs, l'industrie porcine perdait des milliards de dollars. Pourquoi ? Parce qu'ils ne peuvent pas se payer les céréales pour nourrir leur bétail en raison des prix élevés des denrées alimentaires. L'argent de vos impôts va au gouvernement, et le gouvernement les subventionne. C'est donc une activité déficitaire.

Partout, des États-Unis à la Chine, les gouvernements doivent subventionner les éleveurs en les payant au moins des dizaines de milliards de dollars chaque année ![108] Mais c'est votre argent que vous mangez ! Si vous pouviez manger ça et être en bonne santé et heureux, alors ce serait raisonnable. Mais ce n'est pas le cas !

Elle s'accompagne de dépenses médicales élevées

Ces hamburgers contiennent toutes les parties des animaux dont vous ne connaissez même pas l'origine, et renferment toutes sortes de bactéries et de maladies.[109] Si vous voulez des renseignements, des revues médicales ou scientifiques vous diront tout cela. Non seulement nous payons beaucoup d'impôts pour les subventions accordées à l'industrie de la viande, mais nous donnons aussi beaucoup plus d'argent provenant de nos impôts pour les hospitalisations et l'enterrement de nos proches, et nous devons supporter un grand chagrin pendant toute une vie pour la perte d'un ou plusieurs de nos proches.

Elle inflige une immense souffrance aux animaux

Il est inutile que notre corps fragile endure toute cette souffrance. Si nous évitons la viande, nous éviterons tout cela – l'argent pour les hôpitaux et les médicaments. Et non seulement cela, car pour pouvoir obtenir ces médicaments, nous faisons souffrir les animaux en expérimentant sur eux la vivisection, l'injection de produits chimiques dans leur corps tout en les faisant souffrir par des tortures sans fin juste pour obtenir un médicament que nous croyons inoffensif pour un usage humain. Mais ce n'est même pas le cas.

Toute cette souffrance, tout l'argent des contribuables va dans des directions différentes. Cela ne vous aide pas du tout ; c'est juste un gaspillage de ressources, de finances, de forces de la nation, de santé humaine et de bonheur. C'est juste du gaspillage. C'est tout simplement une très, très, très mauvaise activité.

L'industrie de la viande est terriblement dangereuse pour nous dans toutes les situations imaginables, dans tous les aspects imaginables. Si les subventions n'étaient pas là pour soutenir les agriculteurs de l'élevage industriel, leur commerce ne serait même pas rentable. Ils auraient déjà été obligés de mettre la clé sous la porte. Je suggère donc que le gouvernement n'attribue plus de subventions à l'élevage industriel, et qu'au lieu de cela, il dise aux agriculteurs de se reconvertir dans l'agriculture végétalienne.

L'emploi de l'industrie de la viande met en danger les travailleurs

En plus de tout ça, pour la majorité des travailleurs du secteur de la viande, ce lieu de travail n'est pas sans danger. C'est l'un des emplois les plus dangereux, avec un taux de blessures le plus élevé qui soit, et une forte exposition aux produits chimiques et aux maladies comme la grippe, la grippe porcine, la grippe aviaire et la maladie de la vache folle qui est toujours mortelle.

Alors nous devons nous demander : cela en vaut-il la peine ? Sans parler de l'effet de la viande sur les consommateurs en termes de maladies – cancer, diabète, problèmes de santé, maladies cardiaques. Presque toutes les maladies qu'on peut citer proviennent de la consommation de viande ou ont une relation avec elle. Et donc, si nous avions un choix à faire pour notre subsistance, il est évident que nous choisirions une profession permettant d'être en bonne santé plutôt que celle qui rend les gens malades et les tue prématurément.

> « Le mythe puissant selon lequel la nourriture industrielle est bon marché et abordable ne survit que parce que tous les coûts environnementaux, sanitaires et sociaux ne sont pas ajoutés au prix de l'alimentation industrielle. Lorsque nous calculons le prix réel, il est clair que, loin d'être bon marché, notre système actuel de production des aliments nous impose des charges monétaires énormes ainsi que sur les générations futures. » [110]
>
> — *AlterNet.Org*

Interdire la viande est le seul moyen de sauver la planète

Tout ce qui touche au mode de vie compatissant est bon pour vous, et cela plaît au Ciel. Et cela sauvera la planète. Il ne s'agit pas seulement de faire de bonnes affaires, mais de sauver la planète, et de permettre de sauver d'innombrables vies, aujourd'hui comme dans le futur – y compris d'ailleurs, celles de ceux qui sont impliqués dans le secteur de la viande. C'est pourquoi le Bouddha a désigné le secteur de la viande comme l'un des cinq commerces dans lesquels les gens ne devraient pas s'engager.

Le secteur de la viande est un mauvais commerce. C'est très mauvais pour vous. Les quatre autres secteurs sont le commerce des armes, le commerce lié au trafic d'êtres humains, les entreprises de substances intoxicantes et les entreprises qui fabriquent des poisons. Toutes ces entreprises nuisibles sont mauvaises pour vous, aujourd'hui et demain.

ENCOURAGER, SOUTENIR ET SUBVENTIONNER L'AGRICULTURE BIOLOGIQUE

Les gouvernements pourraient encourager les agriculteurs à cultiver leurs terres et leur donner des subventions pour cultiver des légumes, remplaçant ainsi la perte due à l'abandon de la viande. Plus ils cultiveraient, plus ils recevraient de subventions. Et il faudrait expliquer aux agriculteurs qu'ils rendraient ainsi au monde un grand service.

Ils seraient de grands héros, des sauveurs du monde s'ils cultivaient des légumes pour nourrir les humains, et qu'au lieu d'élever des animaux, ils les laissaient vivre. Le gouvernement doit leur dire qu'ils doivent traiter les animaux avec amour jusqu'à ce qu'ils retournent au Ciel naturellement.

À l'heure actuelle, cette pratique n'est pas répandue et encouragée par les gouvernements ni par les médias. Donc, à mon humble avis, au lieu de subventionner les agriculteurs qui perdent de l'argent sur la viande à cause de la viande contaminée par les maladies, le gouvernement pourrait subventionner les agriculteurs afin qu'ils aient un soutien financier plus important, jusqu'à ce que cette pratique devienne plus stable et que le marché soit plus en demande d'aliments biologiques. Ensuite, les agriculteurs seront heureux de cultiver et de fournir de la nourriture végétalienne pour la santé des humains et de la planète.

Le gouvernement peut leur donner des semences de légumes et assurer leur formation aux meilleures manières de les cultiver sans utiliser d'engrais chimiques, parce que parfois les agriculteurs ne sont tout simplement pas bien informés des méfaits de l'élevage, des produits chimiques, des engrais ou des insecticides.

Les agriculteurs ne sont pas informés de la meilleure façon de cultiver les légumes et de faire plus de profit. Le gouvernement peut les aider à mettre en pratique des mesures de préservation des terres et à améliorer la qualité de leurs produits de telle sorte que les acheteurs aient confiance en eux, etc. Le gouvernement peut également mettre en place un système de certification et des normes de qualité afin de promouvoir davantage l'industrie biologique végétalienne.

L'agriculture biologique est facile à mettre en œuvre

À l'heure actuelle, la nourriture biologique est très à la mode. Elle est très saine pour tout le monde et la demande est très grande.

Au sein de notre Association, de nombreux membres pratiquent l'agriculture biologique. Et il est prouvé que n'importe qui peut le faire. Toute personne intéressée peut se connecter sur notre site Web pour avoir toutes les informations nécessaires pour faire de l'agriculture biologique. C'est si facile, si simple ; vous n'avez même pas besoin d'eau. La nourriture pousse si vite qu'une ou deux personnes seulement peuvent s'occuper de plusieurs hectares sans aucun problème.

Nous conseillons aux gens de faire de l'agriculture biologique, de conserver les eaux de pluie et les eaux souterraines, et de préserver les terres, en plantant des arbres pour attirer la pluie, etc. Dans le district d'Alwar du Rajasthan, en Inde, un village a été en mesure de drainer suffisamment d'eau pour pouvoir ramener à la vie cinq rivières, qui auparavant étaient mortes et asséchées en raison des prélèvements excessifs de leurs cours. Nous pourrions aussi apprendre d'eux.

Nous avons le site www.SupremeMasterTV.com pour informer tous ceux qui s'y intéressent. Ils n'ont même pas besoin d'un gros capital. Et d'ailleurs, si un capital est nécessaire, le gouvernement devrait aider ces agriculteurs biologiques en leur allouant des subventions, au lieu d'utiliser celles-ci pour produire de la viande, ce qui est dangereux pour nous. Aider l'agriculture biologique est excellent pour tout le monde, y compris l'agriculteur.

Fournir des repas scolaires végétaliens et soutenir les coopératives alimentaires locales

D'après ce que je comprends, des systèmes complets dans lesquels les écoles seraient en relation avec des agriculteurs de façon durable seraient en cours d'élaboration, mais pas pleinement opérationnels.

Dans un programme qui a débuté en Europe et au Japon, et maintenant aussi aux États-Unis, des groupes d'individus appartenant à des coopératives alimentaires développent une relation avec un ou plusieurs agriculteurs qui acceptent de leur fournir des produits frais. Les agriculteurs cultivent ensuite une variété d'aliments frais que les gens achètent.

C'est devenu très populaire, et dans de nombreux endroits il y a même une liste d'attente. Ainsi les fermes sont généralement gérées de manière durable et biologique. C'est une bonne solution parce que les gens obtiennent de la nourriture saine en laquelle ils peuvent avoir confiance, tout en renforçant les moyens de subsistance des agriculteurs, et en améliorant aussi l'environnement dans le même temps. Je suis certaine que si les gouvernements encourageaient l'agriculture biologique, celle-ci deviendrait une mode en un rien de temps.

Si les gouvernements montraient l'exemple et portaient le message disant que c'est ainsi qu'on peut devenir écolo et protéger la planète, alors les agriculteurs seraient heureux de cultiver plus de nourriture végétalienne. Étendre la pratique de l'agriculture biologique aiderait de bien des façons.

LES AVANTAGES DE L'AGRICULTURE BIOLOGIQUE VÉGÉTALIENNE

> Les avantages de l'agriculture biologique pour la subsistance de l'homme, pour la santé humaine et animale, pour les ressources naturelles et la protection de notre planète, nous ne pouvons même pas les sous-estimer ; nous ne pouvons même pas tous les estimer. L'agriculture biologique permet non seulement de protéger la planète, et pourra même aider à éliminer la faim.

Retourner à l'agriculture biologique traditionnelle a déjà été expérimenté avec succès en Afrique, par exemple, et dans certains endroits d'Amérique, d'Europe et d'Australie. L'agriculture biologique végétalienne connaît une croissance extrêmement rapide et est très rentable aujourd'hui, parce que la demande est croissante. Les gens sont plus informés sur les méfaits de la viande et mieux informés sur les avantages d'un régime végétalien. Ainsi l'agriculture végétalienne de légumes biologiques devrait être très bien pour tous ceux qui veulent changer d'activité.

De plus, il existe déjà de nombreux exemples de réussite en agriculture biologique à travers le continent africain. Par exemple, dans les environs du Cap, en Afrique du Sud, les villes cultivent des jardins 100 % bio, et leurs produits sont vendus localement.[111] Une opération similaire a commencé au Kenya. En Ouganda, où des engrais biologiques sont depuis peu utilisés, ils connaissent déjà des réussites avec le sol et les récoltes.[112]

Sur Supreme Master Television, nous proposons également toute une section sur l'agriculture biologique, et sur notre site Web aussi, www.SupremeMasterTV.com. Sur ce site, nous partageons beaucoup d'informations sur la façon de faire de l'agriculture biologique, qui est très rentable, consomme moins d'eau, demande beaucoup moins de travail et est très bénéfique à notre santé, aux travailleurs et à la planète.

Si vous mangez des légumes bio, vous irez rarement à l'hôpital et nous économiserons de l'argent pour donner une meilleure éducation à nos enfants, accorder de meilleurs soins aux personnes âgées, et construire de plus belles routes, plus d'équipements et d'inventions, et l'argent serait aussi utilisé pour de l'énergie durable gratuite pour tous. Offrir de l'énergie gratuite à tout le monde, une éducation gratuite à tous les enfants, des soins gratuits aux personnes âgées et de la nourriture gratuite à au moins un milliard de gens qui ont faim dans le monde... les avantages sont sans fin.

Développement durable et rendements élevés

Il a été montré qu'en adoptant à grande échelle l'agriculture biologique, celle-ci pourrait nourrir le monde entier. Des recherches faites au Danemark et ailleurs ont mis en évidence de meilleurs rendements sur les terres agricoles biologiques qui étaient auparavant sous-utilisées.[113]

En fait, les rendements importants produits par l'agriculture conventionnelle se font au détriment du sol, de notre santé et de l'environnement. Et ces vastes monocultures, telles que celle du soja, sont surtout produites pour nourrir les animaux destinés à la production de viande, et non pour être consommées par les humains.

En Afrique, le Programme des Nations Unies pour l'environnement a mené une étude qui a permis de constater que les rendements des cultures doublaient quand les petits agriculteurs utilisaient des méthodes d'agriculture biologique.[114] Dans ce cas, comme les pratiques biologiques telles que le compostage et la rotation des cultures améliorent le sol, au lieu d'acheter des engrais et des pesticides, les agriculteurs biologiques peuvent utiliser leur argent pour acheter des semences de meilleure qualité.

Une autre recherche, menée aux États-Unis, a fait le constat que l'agriculture biologique pourrait être utilisée pour tripler le rendement agricole. L'un des principaux facteurs permettant des rendements élevés est que les agriculteurs plantent des légumineuses, comme les fèves ou les graines de soja, et les couvrent durant la phase de croissance, ce qui fixe assez d'azote naturel dans le sol pour assurer des rendements de culture élevés.[115]

Avec la pénurie alimentaire mondiale qui continue de s'aggraver, chaque jour plus de personnes souffrent de la faim. Donc, si nous mettons fin aux pratiques d'exploitation des animaux, et ne leur donnons plus tout le blé, les céréales et les légumes à manger, toute la nourriture que nous produisons d'ores et déjà pourrait nourrir deux milliards de personnes.

Réduire l'utilisation des pesticides et des engrais

L'agriculture biologique est même bénéfique pour les animaux, pour tous les êtres de cette planète, y compris les arbres et les terres, en partie parce qu'elle n'emploie pas d'engrais chimiques ou de pesticides, dont plusieurs sont considérés par l'Agence de protection de l'environnement des États-Unis et par l'Union Européenne comme étant potentiellement cancérigènes ; en outre ils font disparaître les colonies d'abeilles et tuent de nombreux autres animaux, qu'il nous est impossible de tous nommer ici.

Une étude américaine indique que si les 3,2 millions d'hectares de terres agricoles des États-Unis devenaient biologiques, le risque de consommer des pesticides alimentaires se réduirait de 97 %. Pouvez-vous imaginer ça ? Les engrais chimiques et les écoulements de pesticides sont également connus pour contribuer aux zones mortes des océans. Nous sommes en train de tuer notre planète avec les pesticides et les engrais chimiques.[116]

Plus de 2,2 millions de tonnes de pesticides sont utilisés dans le monde chaque année ! Et seulement 10 % de ces produits chimiques atteignent les endroits auxquels ils sont destinés ; le restant se répand dans l'air et dans l'eau. Or ces produits ont un lien avec les cancers de l'homme et de l'animal, ainsi que les zones mortes océaniques.

En Europe, un pesticide est impliqué dans la disparition de milliards d'abeilles à travers le continent, tandis que d'autres produits sont connus pour rendre les coquilles d'œufs d'oiseaux plus minces, ce qui entraîne la mort de leur bébé, car les coquilles craquent et se cassent avant que le bébé ne soit prêt à sortir.[117]

Par ailleurs, les produits biologiques sont sans organismes génétiquement modifiés, et leur teneur en nutriments est plus élevée que celle des fruits et légumes cultivés conventionnellement.

Améliorer l'environnement et les terres

Si toutes les personnes, tous les agriculteurs et toutes les terres arables de la planète passaient à des méthodes d'agriculture végétalienne, 40 % du CO_2 serait immédiatement absorbé par ces seules méthodes agricoles.[118]

Passer à l'agriculture biologique rétablira la santé du sol qui a été appauvri par les pratiques de culture conventionnelle. La couche arable qui n'est pas touchée résiste mieux aux inondations et aux ouragans. La faune et les écosystèmes sont aussi gagnants. Selon la plus grande étude réalisée sur l'agriculture biologique au Royaume-Uni, par rapport aux exploitations conventionnelles, les fermes bio contiennent 85 % d'espèces végétales en plus, et leurs haies sont plus hautes et plus épaisses de 71 % ; et on observe un retour en abondance des animaux indigènes de toutes les espèces.[119]

En outre, l'agriculture biologique végétalienne arrêtera le ruissellement des engrais chimiques qui ont créé de monstrueuses zones mortes dans les océans.

Économie d'énergie et de ressources

L'agriculture biologique végétalienne est productive, et économise de l'eau, ainsi que 37 % des énergies par rapport aux méthodes d'agriculture conventionnelle.[120]

Économie d'argent pour les gouvernements

Subventionner la culture de légumes biologiques est bien moins coûteux que les subventions nécessaires au maintien des exploitations d'élevage, qui permettent simplement de les empêcher de perdre de l'argent et de faire faillite.

L'agriculture biologique végétalienne peut faire économiser beaucoup d'argent aux gouvernements, jusqu'à 80 %.[121]

Imaginez tout l'argent des impôts qui nous reviendrait ou qui servirait à la construction de quelque chose de meilleur ; par exemple, tenter d'atténuer une partie importante des gaz à effet de serre.

La rentabilité des agriculteurs

Une étude menée en Amérique latine sur les petits agriculteurs qui sont passés à la culture de légumes biologiques a montré qu'ils gagnaient des revenus plus élevés qu'auparavant.[122] Selon des scientifiques néerlandais respectés, des dizaines de milliers de milliards de dollars américains peuvent être économisés par les gouvernements du monde si tout le monde devenait végétalien.[123]

Nous avons également de nombreuses études aux États-Unis, en Inde et en Nouvelle-Zélande. Toutes ont confirmé que les bénéfices sont plus élevés parce que les coûts de production sont plus bas que pour l'agriculture conventionnelle.

Davantage de variétés de cultures pourraient être mises en rotation, comme le maïs, le soja et la luzerne. En plus, le système biologique est naturellement plus résistant à la sécheresse que les systèmes agricoles conventionnels.

Améliorer la sécurité alimentaire et la santé

Enfin, nous bénéficions tous d'une meilleure santé parce que les aliments biologiques sont dépourvus de toxines et sont abondants en éléments nutritifs, sans modification génétique, ni pesticides cancérigènes. Contrairement aux produits d'origine animale qui sont connus pour causer le cancer, les maladies cardiaques, le diabète, l'obésité, etc, les fruits et légumes issus de l'agriculture biologique contiennent des éléments nutritifs en abondance qui nous aident à éviter toutes ces maladies modernes. Clairement, la nourriture biologique végétalienne est la seule nourriture avec laquelle nous devrions nous sentir en sécurité, et avec laquelle nous nous sentirons effectivement en sécurité. En fait, nous sentirons que ces aliments sont les plus sûrs et les meilleurs que l'on puisse donner à nos enfants.

Fruits bio cultivés à la maison et cueillis par un enfant jardinier.

La teneur en nutriments de la nourriture bio est plus élevée que celle des fruits et légumes cultivés conventionnellement. C'est pour ces raisons que dans notre groupe nous utilisons autant de produits biologiques que possible.

AIDER LES TRAVAILLEURS DE L'INDUSTRIE DE LA VIANDE À FAIRE LA TRANSITION VERS DE NOUVEAUX EMPLOIS

Dites aux travailleurs de l'industrie de la viande de faire un autre travail, donnez-leur d'autres emplois nouveaux à occuper et expliquez-leur les avantages d'une vie nouvelle, pleine de santé, de vigueur, de paix, d'amour et de bonheur. Tout le monde se réjouira de cela. Au moins ils auront essayé. Et puis une fois qu'ils essaieront, ils sauront que cela fonctionne. Et si tout le monde essaie, que leurs voisins essaient et que leurs amis essaient, alors il y aura une énergie de soutien et le monde entier changera.

Ne plus faire se reproduire les animaux, sans parler de les tuer, il faut arrêter tout cela. Ils peuvent sauver la planète en arrêtant l'élevage, en arrêtant de reproduire des animaux, et en arrêtant de les massacrer pour gagner leur vie. Ils comprendront si le gouvernement utilise vraiment son pouvoir pour le leur expliquer et leur donner une autre solution pour vivre. Donnez-leur l'explication et les subventions dont ils ont besoin, les emplois de remplacement, ou un choix alternatif. Nous avons des choix à proposer.

Je suggère que tous les agriculteurs de l'industrie de la viande conservent leurs cochons ou vaches comme animaux de compagnie. Je pense que nous devrions stériliser les animaux, de sorte que nous ne continuions pas à élever des animaux en trop grand nombre, car nous serions alors dans la même situation que maintenant, ou pire encore s'ils continuaient de se multiplier.

Aujourd'hui, il y a de plus en plus de bonnes possibilités pour les agriculteurs, les détaillants et les transporteurs. Ils font juste la même chose ; au lieu de transporter des porcs, ils transportent des légumes bio, etc. Ou les agriculteurs détaillants pourraient passer du secteur de la viande à la culture de légumes biologiques.

III. Transition réussie d'éleveurs vers des carrières alternatives

Aux États-Unis

Il y avait un éleveur de porcs, un Américain, qui possédait beaucoup de porcs, tous entassés dans un élevage intensif et sale. Après avoir reçu la visite de l'auteur végétalien John Robbins, il s'est tourné vers le végétalisme. Ce célèbre héritier a quitté l'entreprise familiale de crème glacée que dirigeait son père - une affaire de plusieurs millions de dollars. Ainsi, après avoir reçu la visite de l'auteur dans cette ferme d'élevage porcin, cet agriculteur s'est soudain souvenu que dans son enfance il avait aimé un cochon comme s'il avait été son ami et son compagnon, mais à cause de la pression familiale et de la société il avait été forcé de nier et d'oublier ce sentiment d'amour.[124]

Après en avoir pris conscience, il lui fut impossible de maltraiter les doux cochons une seconde de plus, et il a donc décidé d'arrêter. Ainsi, au lieu d'élever des porcs, il a acheté une petite ferme biologique pour vendre des légumes bio, et tout va bien pour lui. Cet homme est encore en vie et son cœur est encore plus vivant que jamais.

Il y en a un autre qui amène ses dix cochons de compagnie avec lui (il a gardé ses animaux de compagnie de son ancienne ferme) lorsqu'il visite

des écoles pour montrer aux enfants combien les porcs sont réellement intelligents et amicaux, afin que les enfants ne les mangent plus jamais. Non seulement il n'élève plus de porcs, mais il va dans la direction opposée en protégeant les animaux.

Un éleveur texan possédait un grand ranch où il élevait des vaches. Tout à coup il a dû changer parce qu'il a eu un cancer causé par la viande. Après avoir traité sa tumeur, il est devenu végétalien, et il est désormais un défenseur des animaux. Il se déplace partout pour faire des conférences et dire aux gens la vérité, la vérité vraie, la vérité cruelle et la vérité des mauvaises affaires sur l'élevage d'animaux. Il est un défenseur très ardent des animaux. Il s'appelle Howard Lyman, et il a été invité une ou deux fois sur Supreme Master Television comme intervenant.

Au Moyen-Orient

Récemment, en Iran, un éleveur de vaches laitières – il nous a même écrit pour raconter son histoire – a également décidé de changer de carrière pour aider la planète ainsi que sa propre conscience. Il s'est assuré que toutes ses vaches soient adoptées par des gens doux et sûrs pour qu'elles vivent le reste de leur vie dans la dignité. Aujourd'hui, il travaille dans un restaurant végétalien.

En Asie

Une autre histoire vient de Formose (Taiwan) dans laquelle un éleveur de porcs est devenu végétalien après avoir regardé Supreme Master Television et réalisé qu'il voulait protéger l'environnement et éviter une mauvaise rétribution karmique pour lui et sa famille. Désormais, il garde donc tous ses porcs qu'il gâtera comme les membres de sa famille pour toute leur vie. Et depuis, il est passé à un autre type d'agriculture.

Dans tous ces cas, les personnes concernées se débrouillent très bien économiquement, même mieux que jamais. Il leur a fallu beaucoup de courage au début pour changer totalement de carrière pour leur vie entière, mais chacune d'elles peut garantir que cela en vaut largement la peine. Cela leur vaut une grande liberté de cœur et d'esprit, le bonheur de leur famille, et leur santé aussi.

IV. Exemples de bonne gouvernance

Parlement européen

Le Parlement européen reconnaît que le régime alimentaire carné est la cause du réchauffement climatique et va réfléchir à la réduction des subventions accordées à l'industrie de la viande pour les transférer aux agriculteurs biologiques, etc.[125]

Bien que cela n'avance pas aussi vite que je le voudrais, il semble cependant que la masse critique soit en train de faire quelque chose car il y a des progrès. Certains dirigeants courageux, braves et héroïques aident à opérer ce changement, ce qui est très touchant et inspirant.

Jens Holm, membre du Parlement européen, s'est employé à faire en sorte que l'Union européenne adopte des mesures qui recommandent la réduction de la viande afin de diminuer les émissions de gaz à effet de serre.[126]

Allemagne

Le ministre allemand de l'Environnement s'est rendu au Brésil afin d'aider ce dernier à adopter des réglementations plus strictes et empêcher la déforestation pour la production de viande exportée vers l'Europe.

Irlande

Nombreux sont ceux qui se convertissent à l'agriculture biologique à l'heure actuelle. En Irlande, le ministre de l'Agriculture a écrit à tous les agriculteurs irlandais pour leur conseiller de passer à l'agriculture biologique, à la culture de légumes, et il leur donne même une subvention. Il y a actuellement un fort pourcentage d'agriculteurs qui se convertissent à l'agriculture biologique.

Belgique

Gand, l'une des plus grandes villes de Belgique, a officiellement déclaré que tous les jeudis seraient Journées Végé, et qu'à partir de cette année scolaire toutes les écoles de la ville serviront des repas végétaliens tous les jeudis.[127]

Royaume-Uni

Je suis reconnaissante à Son Altesse Royale le Prince Charles pour son courage et son éloquence intrépide et franche en parlant de l'environnement. J'ai beaucoup de respect pour lui, et je le salue. Il est aussi un homme d'action et en avance sur son temps. Il a, par exemple, ouvert un marché de produits biologiques et fait de gros efforts pour enrayer la déforestation à travers le monde.

Le Prince Charles tente également de minimiser sa propre empreinte carbone, notamment dans son transport. Il a aussi fait don, sur ses propres fonds, de 2,8 milliards de dollars pour la préservation des forêts.[128]

Je tiens à féliciter humblement le gouvernement britannique pour tous ses dirigeants et louer tous ses projets visant à réduire les émissions futures du pays.

Je tiens à souligner le travail important du gouvernement en matière de politique alimentaire durable. Dès juillet 2008, un rapport commandé par le premier ministre britannique Gordon Brown afin d'évaluer la politique alimentaire du Royaume-Uni a reconnu qu'« une alimentation est bonne pour la santé si elle est faible en carbone, qu'elle contient moins de viande et moins de produits laitiers que ce que nous mangeons aujourd'hui en général. » [129]

Depuis lors, la même idée a été promue par le gouvernement britannique, notamment le conseiller M. Tim Lang du Service national de santé et par le Comité sur le changement climatique.[130] Le gouvernement aide même les agriculteurs à passer au vert en publiant un guide intitulé *Le Code des bonnes pratiques agricoles.*[131]

Au Royaume-Uni, des dirigeants ont adopté ou préconisé l'alimentation à base de végétaux, comme la Secrétaire d'État à l'Environnement, à l'Alimentation et aux Affaires rurales Hilary Benn, le membre du Parlement David Drew et le vice-président du Parlement de l'UE, Edward McMillan. Ce sont des signes qui vont dans la bonne direction et tous les pays pourraient profiter des exemples du Royaume-Uni.

Le gouvernement doit faire preuve d'une audace sans précédent. J'espère que le gouvernement britannique saisira l'occasion de montrer la voie pour sauver la planète. J'espère que le Royaume-Uni sera un chef de file du monde dans ce domaine. En bref, toutes les politiques du Royaume-Uni pour la paix, l'aide constructive et la compassion, le mode de vie végétalien, ainsi que les projets verts, sont les meilleurs, et le gouvernement britannique peut proposer et/ou mettre en œuvre de nombreuses politiques dans ce domaine.

États-Unis

Aux États-Unis, la Chambre et le Sénat de Hawaï ont adopté à l'unanimité une résolution demandant que des plats végétaliens et végétariens soient proposés dans les écoles d'Hawaï.[132]

Dans le cadre de son nouveau plan d'action pour le climat, Cincinnati, dans l'Ohio aux États-Unis, a été la première ville à encourager à moins consommer de viande, afin d'arrêter le réchauffement climatique.[133]

Les chefs de gouvernement parlent ouvertement des avantages du végétalisme. Par exemple, le membre du Congrès américain, Dennis Kucinich qui est végétalien, a lancé cet été la première Journée Végétalienne de la Terre en Californie pour les végétaliens et les non-végétaliens.[134]

En avril 2009, le sénateur Jamie Raskin du Maryland, aux États-Unis, qui avait été un mangeur de viande depuis le début de sa vie, a lancé une semaine végétalienne pour aider l'environnement. Depuis, il est resté végétalien, et il prendra la parole lors d'une VegFest nationale en septembre. C'est une bonne nouvelle.[135]

[En 2009, les écoles publiques de la ville de Baltimore ont adopté les Lundis sans viande.[136]]

[En avril 2010, San Francisco est devenue la première ville des États-Unis à déclarer une journée végétalienne. Le Conseil municipal de San Francisco a approuvé à l'unanimité une résolution pour encourager les restaurants, les épiceries et les écoles à proposer des options sans viande les lundis.[137]]

[Le Comité de l'Éducation et du Travail de la Chambre des États-Unis a adopté le projet de loi relative aux repas scolaires, incluant des programmes pilotes biologiques et végétaliens.]

Formose (Taiwan)

À Formose, le président Ma Ying-jeou a annoncé que manger plus de légumes et moins de viande est l'un des changements de mode de vie les plus importants que les gens peuvent faire pour réduire leurs émissions.

Dire cela, pour un dirigeant politique, est vraiment courageux et constitue une étape vraiment très importante. Pour réduire les émissions, son épouse, la Première Dame de Formose, donne également l'exemple aux enfants en lisant à haute voix un article expliquant comment lutter contre le réchauffement climatique en mangeant moins de viande et plus de légumes et de fruits.

Le président Ma Ying-jeou, ainsi que tout le bureau présidentiel, ont signé une déclaration de mesures de réduction du CO_2, incluant le fait de manger local et de s'engager à manger plus de légumes et moins de viande.

Enfin, plus d'un million de personnes à Formose (Taiwan) ont pris l'engagement de réduire leur consommation de viande en signant une pétition.[138]

V. Le végétalisme biologique est un mouvement spirituel

Les petits agriculteurs ont aussi un rôle spirituel dans le végétalisme. Le régime végétalien lui-même est un mouvement spirituel parce qu'il est le moyen le plus efficace de développer notre compassion humaine, notre qualité noble et notre qualité aimante. Il peut inverser le cycle de violence et une mauvaise rétribution karmique : « Nous récoltons ce que nous semons ». Cela nous met aussi dans un cercle d'amour, de protection et de miséricorde vis-à-vis de tous les événements négatifs du domaine physique.

Ainsi, l'agriculteur biologique végétalien soutient de nombreuses autres personnes et a le grand mérite de leur fournir des aliments qui contiennent peu ou pas de violence ; il reçoit sûrement de nombreux mérites spirituels grâce à cela.

Le mode de vie végétalien bio adhère à l'ahimsa (la non-violence)

Lorsque nous vivons et laissons vivre, quand nous aimons tous les êtres, comme nous nous aimons, alors c'est déjà très spirituel. Et, bien sûr, c'est en accord avec toutes les grandes religions sur Terre. Cela plaira beaucoup au Ciel. Cela nous permet d'étendre plus complètement notre respect et notre affection à toute la vie.

Et c'est pourquoi vous vous sentez plus pacifique, vous voyez ? Vous vous sentez plus connectés à votre environnement, car tous ont les pulsations de la vie. La Terre est animée par l'amour et la vie ; tous les arbres et les plantes ont ces pulsations d'amour pour la vie. Lorsque nous sommes assis sous un arbre, nous ressentons l'amour protecteur de l'arbre. Lorsque nous apprécions un fruit délicieux, nous ressentons la connectivité de l'amour inconditionnel de l'arbre qui nous offre de la nourriture et un goût agréable.

Si nous sommes dans la tendance bio et végétalienne ou cultivons selon des méthodes biologiques et végétaliennes, nous ressentirons de plus en plus l'amour de la nature, l'amour de la planète Terre, l'amour des arbres, et même l'amour d'un brin d'herbes et des fleurs. Nous ressentirons tant d'amour dans l'air que nous respirons. Nous ressentirons tant d'amour de la terre que nous foulons. Ceci, nous ne pouvons même pas l'expliquer par le langage humain. Nous devons le ressentir nous-mêmes. Je le ressens toujours, mais je ne peux pas transmettre ce message spirituel à d'autres personnes. Chacun doit en faire l'expérience par soi-même.

Une fois que nous nous serons tournés vers le style de vie compatissant de l'alimentation végétalienne tel que voulu par le Ciel, alors nous ressentirons de plus en plus d'amour, et nous nous sentirons de plus en plus connectés tout le temps. Ahimsa signifie « ne pas nuire aux êtres vivants », en commençant par un régime végétalien. L'alimentation végétalienne biologique est la meilleure. Nous récolterons ce que nous semons. Et si nous semons ces graines bienveillantes sur la Terre ainsi que dans notre cœur en tant que végétaliens, nous évitons aussi tous les produits d'origine animale.

Par exemple, l'essentiel de la production de lait provoque une souffrance, d'abord parce que les veaux sont retirés de leur mère à la naissance. Peu de gens savent cela, y compris moi-même auparavant. Ces veaux seront bientôt tués. Privés de lait et d'amour maternel, ils seront tués dès qu'ils seront sevrés. Ensuite la mère sera branchée brutalement à une machine qui pourra lui causer une douleur insupportable et provoquer une maladie, simplement pour que l'homme puisse lui prendre son lait.

Comme l'agriculture biologique végétalienne n'utilise pas de pesticide et n'a rien à voir avec l'élevage, la production de lait ou aucune autre activité nuisible, elle peut donc être considérée comme une pratique de la compassion. Ceci est en accord avec le Ciel, avec des valeurs qui font écho à de nombreux chemins spirituels et enseignements religieux, tels que ceux du bouddhisme et du confucianisme, et comme cela est écrit dans leurs Écritures.

5

L'ADOPTION MONDIALE ET IMMÉDIATE D'UNE ALIMENTATION À BASE DE VÉGÉTAUX

À ce stade, les efforts de tous – ONG, gouvernements, médias, public et chaque individu – doivent être engagés. Notre planète est une maison en train de brûler. Si nous ne travaillons pas avec un esprit uni pour éteindre le feu, nous n'aurons plus de maison. 100 % de la population mondiale doit bientôt être végétalienne pour sauver la planète.

I. Le monde a besoin des nobles services et du leadership des médias

Les médias ont un rôle très grand, héroïque et noble à jouer pour sauver le monde en cette période de notre histoire. Et tout en sauvant des vies, les médias peuvent aussi préserver la qualité d'amour et de noblesse dans le cœur des êtres humains.

Les mots imprimés sont très puissants. Les gens sont trop occupés avec leurs activités quotidiennes ; ils comptent donc sur les médias pour les informer et rapporter les événements pertinents, poser les questions importantes et donner l'information nécessaire pour leur vie. Ainsi les médias sont un outil utile qui nous éveille les uns les autres en cette période cruciale, à un moment où notre planète et les vies qu'elle abrite sont mises en danger.

Je suis si heureuse de voir de nombreuses télévisions et stations de radio commencer à informer sur la situation urgente de notre planète, et même sur la solution de l'alimentation végétalienne qui est, comme vous le savez, le changement que nous devons faire. Un très petit changement : supprimer le morceau de viande et le remplacer par des protéines végétales. C'est tout : juste un petit changement qu'on peut tous se permettre. Et c'est meilleur marché et plus sain.

Les médias contribuent beaucoup à orienter les gens vers cette solution. En fait, le rôle le plus urgent des responsables des médias maintenant est de devenir eux-mêmes végétaliens, compatissants et nobles, et qu'ils accomplissent de bonnes actions et informent les gens sur cette action d'urgence. Les médias devraient être un exemple.

Les médias sont d'une aide considérable pour rappeler aux gens de s'élever vers cette direction. Encouragez les gens, à travers votre travail, à devenir végétaliens pour sauver des vies humaines, des vies animales, ainsi que l'environnement, car le régime végétalien, quoique simple, est une étape considérable qui pourrait nous élever dans notre évolution. D'ailleurs, le temps est compté pour notre planète. Nous devons agir rapidement pour sauver des vies.

Chaque jour, lors de l'impression du journal, on pourrait simplement imprimer cette phrase : « Soyez Végé. Devenez Écolo. » C'est tout, et c'est si facile. Tous les journaux peuvent le faire. Juste un titre quelque part « Soyez Végé, Devenez Écolo pour Sauver la Planète. »

Je souhaite que tous les médias diffusent une annonce sur le végétalisme tous les jours à la télévision, dans les journaux, à la radio, etc, et même sur des panneaux d'affichage, dans des films, au cinéma, sur des panneaux électroniques. Partout, ce devrait être le sujet de la plus grande préoccupation.

Tous les médias devraient contribuer à sauver la planète, car si la planète disparaît, tout le monde disparaîtra. Tout le monde devrait comprendre cela. L'argent : inutile ; la maison : inutile ; le pouvoir : inutile. Nous faisons donc tout ce que nous pouvons pour faire comprendre cela aux gens. Nous devons sauver la seule planète que nous ayons et la plus belle que nous connaissions. C'est bien la seule que nous connaissions.

Soyez un ami vrai et honnête à l'égard de la société humaine : avertissez tout le monde de toutes les situations dangereuses ; mettez en lumière les nouvelles connexions et données, comme les liens urgents qui existent entre la viande et le réchauffement mondial ; donnez ainsi la chance aux gens de choisir une meilleure façon de vivre ; et soyez une voix courageuse, une voix héroïque, surtout pour les sans-voix, parmi lesquels il faut inclure les animaux, qui souffrent tellement, tellement, parce que nous sommes tous connectés et affectés.

Le monde a besoin des nobles services et du leadership des médias. Alors s'il vous plaît, tous les journalistes courageux, faites ce que vous faites de mieux : dites la vérité sur la façon dont nous devons sauver la planète.

II. Les chefs religieux guident les autres vers le mode de vie vertueux

Les personnes et chefs religieux devraient s'exprimer sur ce sujet et adopter une position de leader pour aider le public à comprendre le grand problème auquel nous sommes confrontés et la solution pour freiner le réchauffement climatique.

Les chefs religieux doivent donner l'exemple à leurs adeptes. Tout d'abord, ils doivent bien sûr conseiller à leurs adhérents de manger végétalien, de faire le bien et d'éviter le mal, de protéger l'environnement. Si les chefs religieux peuvent annoncer à leurs adeptes de faire tout cela, alors notre Terre aura la garantie de la sécurité et sera sauvée, car la paix commence dans notre assiette.

Les chefs religieux peuvent s'exprimer à ce sujet et aussi s'efforcer d'être les exemples vivants des nobles enseignements de leurs fondateurs originels comme Jésus, le Prophète Mahomet, Bouddha, Gourou Nanak, etc., qui avaient épousé un mode de vie végétalien plein de compassion. Toutes les écritures issues de l'enseignement de ces sages soulignent le besoin de prendre soin les uns des autres et d'être de bons intendants de notre Terre.

Dans la Bible chrétienne, il est écrit « La viande pour le ventre et le ventre pour la viande, mais Dieu les détruira tous. » Le soutra bouddhique Mahaparinirvana a déclaré également que « manger de la viande détruit la graine de compassion et chaque geste venant d'un mangeur de viande terrifiera tous les êtres du fait de l'odeur de viande sur leur corps. »

Dans chaque religion, le christianisme, le bouddhisme, l'hindouisme, l'islam, on nous dit : ne mangez pas d'animaux car ils sont la création de Dieu.

L'aspect spirituel de l'alimentation végétalienne est très clair : la non-violence – « Tu ne tueras point. » Quand Dieu nous a dit : « Tu ne tueras point », Ielle n'a pas dit les êtres humains, Ielle a dit tous les êtres.

Il est clairement dit dans la Bible que nous devrions être végétaliens. Et pour toutes les raisons scientifiques, nous devrions être végétaliens. Et pour toutes les raisons de santé, nous devrions, à nouveau, être végétaliens. Et pour toutes les raisons économiques, nous devrions être végétaliens. Et pour tous les motifs de compassion, nous devrions être végétaliens. Et pour sauver le monde, nous devrions être végétaliens.

Dans une recherche, il est indiqué que si les gens en Occident mangeaient végétalien une fois par semaine, cela permettrait de sauver 60 millions de personnes chaque année. Alors, soyez un héros, soyez végétaliens, pour toutes ces raisons. Mais pourquoi végétalien, me demanderez-vous. Végétalien, c'est juste parce que le Dieu qui est en nous le veut.

Et par conséquent, il doit être rappelé aux adeptes religieux que pour résoudre le problème environnemental, nous devons mettre ces enseignements en action. Et l'action la plus efficace est quelque chose que les citoyens peuvent faire immédiatement : être végétalien. Bien sûr, une autre action est d'être écolo, c'est-à-dire prendre soin de l'environnement et être économes dans notre consommation.

Être végétalien, c'est vivre en accord avec nos vraies croyances religieuses. Abandonner la viande et adopter le mode de vie végétalien signifie que nous mettons le principe de compassion en action.

Nous l'avons lu et nous le pratiquons. Comme la non-violence que nous devons absolument respecter. Nous ne tuons pas, ni ne volons, mais nous sauvons des vies et nous donnons par charité. Nous nous aimons les uns les autres, nous nous entraidons, et nous observons des principes moraux. Ce qui ne nous appartient pas, nous ne le prenons pas. Au contraire, nous donnons ce qui nous appartient à ceux qui en ont besoin. Toutes les religions nous enseignent cela, donc il nous suffit de le pratiquer.

Nous regardons en arrière dans notre enseignement et voyons ce que les Maîtres nous ont dit, ce que les prophètes nous ont enseigné. C'est tout ce que nous avons à faire. Il n'y a même pas besoin de faire autre chose. Les Écritures sont vraiment suffisantes pour que nous vivions en paix, mais seulement si nous les pratiquons.

III. UNE ÉDUCATION NOBLE ENSEIGNE LE STYLE DE VIE SAIN ET ÉCOLOGIQUE

Notre maison est en feu. Notre planète est en péril. Vous [les éducateurs] devez les informer. Vous devez prendre des mesures immédiates. Dites-leur ce qu'il faut faire. Conduisez-les vers une vie meilleure. Ils vous regardent, ils vous en seront reconnaissants.

Informer les enfants

Nous devons le leur dire. Nous devons être directs et les informer honnêtement de ce qui arrive à notre planète à propos du réchauffement mondial et leur faire connaître toutes les méthodes pour qu'ils s'y préparent, pour que nous puissions réduire le réchauffement mondial, et peut-être l'arrêter totalement.

Le cœur des enfants est très innocent et pur ; ils acceptent facilement d'être guidés par les aînés. Par conséquent nous devons leur expliquer soigneusement ce qui est bon pour la planète.

Après avoir entendu nos explications, ils les comprendront immédiatement et feront ce que vous voudrez qu'ils fassent, parce que les enfants ont le respect des aînés. Mais nous devons d'abord être un modèle.

Nous sommes les aînés et nous devons d'abord montrer l'exemple. Ensuite nous pouvons les instruire, parce que les enfants apprennent à partir des exemples brillants plus que par des mots. En tant qu'aînés, nous devons donc montrer le bon exemple ; nous devons faire de notre mieux.

Nous faisons ce qui est bon pour la planète, pour que les enfants puissent recevoir le bel héritage que nous leur laisserons. Nous devons

Des enfants végétaliennes se régalent avec un joyeux repas composé de fruits, de légumes et d'une tarte aux pommes végétalienne.

faire tout ce qui est nécessaire, même si c'est un énorme sacrifice ; mais en réalité, il n'est nul besoin de sacrifier quoi que ce soit. Nous devons juste abandonner ce morceau de viande et le remplacer par un morceau de tofu.

MOBILISER LA JEUNE GÉNÉRATION

Il semble que les adolescents soient plus intéressés par la mode et d'autres choses plutôt que la situation urgente actuelle. Mais ils sont aussi souvent ceux qui ont l'esprit le plus ouvert. Ils sont intelligents ; ils sont souples ; ils sont un groupe impressionnable et honnête de personnes. Une fois qu'ils font la connexion entre le réchauffement de la planète et leur vie, ils peuvent vraiment décider de faire quelque chose. Vous serez surpris, surtout s'ils comprennent que ce qu'ils font peut vraiment faire une différence, ils pourraient être les premiers à prendre des mesures. Ils ont juste besoin d'un bon leader comme vous.

Deux études très récentes ont montré que les jeunes gens sont les plus susceptibles de faire du bénévolat et de donner d'eux-mêmes.[139] C'est juste pour dire que les jeunes de cet âge ont beaucoup d'énergie et peuvent être parmi les gens qui se préoccuperont le plus de ce sujet.

Ainsi, vous pouvez les encourager en les aidant à trouver des moyens actifs pour montrer leur affection et leur amour. Vous pouvez également les aider à voir combien le réchauffement de la planète est vraiment urgent. Montrez-leur le côté humain du réchauffement climatique. Racontez-leur des histoires vraies de personnes et d'animaux qui souffrent à cause de cela, par exemple, des familles dans des pays insulaires qui doivent se déplacer, ou prévoient de déménager parce qu'elles constatent que l'eau va submerger leurs maisons ou qui, dans certains cas, ont déjà été dans l'obligation de le faire en raison de l'élévation des mers.

Ou bien, le traitement inhumain des animaux dans les abattoirs ou pour faire des expérimentations cosmétiques – il y a beaucoup de films à ce sujet. Nous diffusons tous les mardis une émission sur Supreme Master Television, intitulée « Arrêtez la cruauté envers les animaux ». C'est d'une cruauté inimaginable. C'est au-delà des règles humaines, morales. Traiter les animaux de cette façon est en deçà de notre dignité. Et donc, si vous leur montrez une partie de cette vérité sur la façon dont les animaux souffrent pour satisfaire au goût du palais des humains, vous réveillerez chez les étudiants leur nature compatissante et ils décideront de faire quelque chose.

Ou, vous pouvez aussi montrer comment les oiseaux migrateurs sont dans l'obligation d'aller de plus en plus loin pour trouver des lieux pour nicher, pourquoi les ours polaires nagent beaucoup plus longtemps et parfois coulent épuisés – parce qu'il n'y a plus de glace –, ou encore pourquoi les pays voisins ont subi tant d'inondations, de catastrophes, etc. ces dernières années.

Dites-leur comment le changement climatique affecte de vraies vies, de vrais animaux, de vraies personnes et leurs propres vies aussi. Les jeunes se rendront ensuite compte que ralentir le changement climatique passe avant toutes choses, avant tout ce qui est important pour eux dans ce monde, avant le travail, avant l'argent, et avant même de s'amuser. Parce que sans un climat stable et une planète vivante, nul ne sera plus à même d'apprécier les choses dont nous voulons profiter ou de faire les choses que nous voulons faire.

Mais il est aussi important de montrer aux jeunes gens qu'il y a encore de l'espoir, que nous pouvons encore sauver la planète. Vous pouvez leur dire ceci : c'est une chance pour eux de pouvoir devenir de vrais héros en étant végétaliens et en faisant connaître cette solution. Ils peuvent sauver des vies, y compris la leur, et aussi celles de gens et d'innombrables animaux dans le monde entier.

Si vous expliquez tous les avantages qu'il y a d'être végétalien – à des fins personnelles, pour les animaux, pour les personnes souffrant de la faim, pour les enfants affamés – ils vont adorer ça et ils seront tellement excités parce qu'ils savent qu'ils peuvent vraiment changer les choses.

Les jeunes sont souvent les plus disposés à changer leur mode de vie s'ils voient une bonne raison à cela. Leur groupe d'âge est également, dans de nombreux cas, le premier à voir que le végétalisme est bon et correct. Je pense donc que si nous leur expliquons logiquement en quoi cette action est la plus importante pour résoudre le réchauffement climatique, ils seront motivés. Ils vous soutiendront. Ils seront derrière vous. Et ils agiront.

AIDER À LANCER DES REPAS SCOLAIRES VÉGÉTALIENS

De nombreuses études montrent désormais les avantages d'un programme scolaire de collations et de déjeuners sains. On sait aussi que les enfants se concentrent mieux quand ils mangent plus de fruits et de légumes frais.

La Première Dame américaine présente toujours aux enfants d'Amérique des fruits et des légumes frais. Si on aide les écoles à comprendre ces avantages, elles peuvent aussi adopter cette alimentation plus largement. Aujourd'hui, de nombreux enfants cultivent des légumes à l'école ou même avec leurs parents dans leurs jardins. Les enfants adorent ces activités, parce qu'ils mangent plus de légumes qu'ils ont cultivés eux-mêmes !

Nous pouvons aussi dire à nos enfants qu'en étant végétaliens, ils aident directement à guérir et à sauver notre planète, et ils aident leurs parents, s'aident eux-mêmes ainsi que toutes les vies de ce monde. Les enfants sont très généreux de cœur, et par conséquent, s'ils savent qu'en étant végétaliens ils peuvent sauver de nombreuses vies, ils seront très disposés à le faire. Nous voulons être en mesure de laisser un monde aux enfants, un monde de beauté, vert et luxuriant, un monde où les humains et les animaux coexistent pacifiquement. Ils seront ravis d'aider à réaliser cela.

IV. LES ONG FONT LA PROMOTION DU MOUVEMENT VÉGÉTALIEN

Pour les ONG, la meilleure façon d'aider est que toutes agissent ensemble et encouragent l'adoption de la solution n°1, qui est la plus efficace pour arrêter le réchauffement climatique, à savoir l'adoption de l'alimentation végétalienne. Nous n'avons en effet plus tellement de temps pour attendre que les technologies vertes agissent. Et quand bien même celles-ci prouveraient leur efficacité, elles prennent plus de temps pour être installées.

L'alimentation végétalienne est la solution n°1, car l'industrie de la viande émet le plus de gaz à effet de serre qui piègent la chaleur sur notre planète, et elle génère même le plus de pollution – plus de 50 %.[140] Imaginez si nous éliminions plus de 50 % des gaz nocifs, notre planète se refroidirait alors de plus de 50 %, et ce presque immédiatement.

Et si nous adoptions les méthodes d'agriculture biologique sur toutes les terres cultivables de la planète, alors 40 % du CO_2 contenu dans l'atmosphère serait également absorbé.[141] Et la combinaison de tout cela refroidirait la planète en un rien de temps. Cela n'a rien de mystérieux, ni de superstitieux : tout est scientifique. Tout cela est prouvé, et tout est clair.

C'est donc sur vous et vos talents pour organiser, informer et vous faire entendre, que je compte afin d'obtenir l'attention des gouvernements lors de la rencontre de Copenhague sur le changement climatique. S'il vous plaît, faites de votre mieux. Les gouvernements pourront continuer à amplifier cette solution après vous avoir entendus.

Les ONG savent bien comment amorcer des mouvements constructifs dans le monde. Elles sont essentielles et très importantes pour notre planète. Toutes les ONG sont très importantes pour lancer des actions au profit de l'humanité et pour notre survie aussi. À présent, il faut que tous les efforts convergent et que toutes les ONG, les gouvernements, les médias, le public, chaque individu, s'impliquent.

Notre planète est une maison en train de brûler. Si nous ne travaillons pas avec un esprit uni pour éteindre le feu, nous n'aurons plus de maison. 100 % de la population mondiale doit bientôt être végétalienne pour sauver la planète.

Nous pouvons garder les objectifs d'émission de gaz à effet de serre, mais ils doivent être élargis et hiérarchisés de façon judicieuse. D'abord et avant tout, éliminons la source la plus importante de production de méthane anthropique, à savoir l'élevage. Arrêtons la production animale ; ainsi nous arrêterons le réchauffement climatique – c'est très simple, parce que le réchauffement climatique est provoqué par les produits animaux. C'est tout ; c'est très simple, direct, rien de mystérieux, ni de difficile.

Pour être honnête, vu les plans actuels, nous ne pourrons pas sauver la planète. Avec notre manière actuelle d'agir, il sera trop tard pour sauver notre monde. Soyons donc d'abord végétaliens, et c'est aussi devenir écolo dans le même temps. Ensuite nous aurons tout notre temps pour développer et installer toute autre technologie verte.

Et nous aurons même un monde céleste, car en devenant végétaliens les changements apportés seront considérables en matière d'environnement, de mentalité des gens, de normes pour notre monde et pour obtenir la paix dans le monde, éradiquer la faim, et avoir une vraie fraternité pour l'humanité.

Avec des températures stabilisées, des écosystèmes équilibrés, des animaux qui s'épanouissent dans la paix et des humains qui retrouvent

Des membres de l'Association Internationale du Maître Suprême Ching Hai promouvant la solution végétalienne lors de la CdP15 à Copenhague, au Danemark en 2009.

une nouvelle santé et le bonheur, ainsi que de nouvelles inventions incroyables, notre vie deviendra un paradis de rêve comme jamais imaginé auparavant.

V. SOYEZ LE CHANGEMENT QUE VOUS VOULEZ VOIR

CHANGER LE MONDE EN CHANGEANT SOI-MÊME

L'individu est le plus à même de sauver la planète.

Cela commence par nous-mêmes. Depuis les temps immémoriaux, l'évolution a toujours commencé par l'individu. Si nous voulons changer le monde, changeons d'abord. Même si le gouvernement interdit aux gens de fumer, de boire ou de prendre de la drogue, et que ces derniers continuent individuellement à le faire, nous n'aurions alors pas réalisé une grande avancée. C'est donc maintenant que nous devons changer.

Plus il y a de gens qui éliminent la viande de leur vie, et en fait, tous les produits d'origine animale, plus nous avons de chance de sauver la planète. Mais en plus de cela, nous redonnerons à notre demeure terrestre sa grâce et sa beauté d'origine, et même plus encore, plus que ce que nous connaissons ; plus de beauté, plus d'abondance, plus de paix, plus de joie que ce que nous avons connu jusqu'à présent.

Et davantage d'inventions incroyables se réaliseront si notre Terre se rétablit, pour nous conduire à une vie de compassion, de miséricorde et de paix avec tous les êtres de cette planète.

L'énergie positive sauvera le monde

Chacun d'entre vous là-bas, s'il vous plaît, continuez ! Faites votre travail, car les efforts de chacun comptent vraiment. Même un prospectus d'information sur le régime carné et sur les avantages du régime végétalien pour aider la planète, ça compte. Même un mot compte. Une information compte. Tout le monde aide un peu, ensuite toute la planète changera grâce à la conscience collective de la direction positive.

Tout le monde veut la même chose ; tout le monde veut sauver la planète ; tout le monde veut préserver le globe pour conserver ce mode de vie ou même vivre mieux. Ainsi la conscience est énorme. Cette énergie est d'une grande bienveillance. Et si tout le monde renonce à ce bout de viande, change de mode de vie… c'est très simple – très simple.

> Sauvons d'abord la planète, ensuite les choses changeront. Ce n'est pas vous tout seul qui pouvez sauver la planète, ce sont les gens qui changent leur conscience. S'ils sont végétaliens, deviennent écolos et font de bonnes actions, cela signifie qu'ils se sont améliorés. Leur conscience a atteint un niveau plus élevé. Et puis bien sûr, ils méritent la Terre. Ils pourront continuer à vivre ici, avec leurs enfants, petits-enfants, arrière-petits-enfants, etc.

À ce moment-là, les gens seront à un niveau de conscience supérieur, et les choses seront plus claires pour eux et pour tous. Nous vivrons dans la paix et l'amour. Vous devez imaginer un monde positif, le paradis sur Terre, tel que vous aimeriez qu'il soit. Vous devez imaginer ce monde plus noble, ce monde positif, ce monde merveilleux, ce monde céleste. Sauver le monde est un acte de compassion. Même si le monde n'est pas sauvé, vous l'êtes. Vous êtes sauvés par votre bonté. Votre mérite sera multiplié parce que vous voulez sauver les autres.

Si vous voulez sauver le monde, si vous voulez faire quelque chose pour atteindre cet objectif, vous élargissez votre noblesse, votre attribut céleste. Si vous diffusez l'encouragement pour sauver la planète, si vous devenez végétaliens, si vous devenez écologistes et faites de bonnes actions, si vous aidez les autres parce que vous voulez sauver la vie d'autres êtres sur cette Terre, alors vous avez une qualité sainte. Vous réveillez votre sainteté. **Il ne s'agit pas seulement de sauver la planète physique et la vie physique ; il est aussi question de votre grandeur par le fait de vouloir faire cela, et en fait de prendre part à cette croisade de la préservation de la vie.**

Le pouvoir est entre les mains des consommateurs

Personne ne peut nous empêcher de faire ce qui est bon pour notre vie et celle de notre planète. Nous cessons simplement d'utiliser, de manger et d'acheter des produits d'origine animale. Alors ces entreprises disparaîtront tout simplement, en un rien de temps. Le pouvoir est donc entre nos mains.

Nous, les consommateurs ordinaires, exerçons le vote le plus puissant tout simplement en boycottant la viande et tous les produits d'origine animale, et en devenant végétaliens. Si nous devenons tous végétaliens, la pratique de l'élevage d'animaux qui menace la vie ne sera plus nécessaire.

L'industrie du porc aux États-Unis a perdu 5,4 milliards de dollars entre 2007 et 2009.[142] À l'heure actuelle, des sociétés font faillite les unes après les autres ; elles demandent donc l'aide du gouvernement, et celui-ci a fini en 2009 par acheter les produits de viande de porc non désirés par les agriculteurs pour 105 millions de dollars.[143] Les raisons pour lesquelles la puissante industrie du porc est en difficulté sont, en premier lieu, les coûts élevés des céréales fourragères ; en second lieu, depuis l'épidémie de grippe porcine, les consommateurs n'achètent plus autant leurs produits. Imaginez si personne ne mangeait plus de viande, jamais plus personne ne tuerait ces animaux pour gagner sa vie. Ce serait plus puissant que le lobbying de ces entreprises.

Nous avons le pouvoir. Les entreprises de produits animaux ont seulement le pouvoir que nous leur donnons ! Nous partageons notre pouvoir avec elles. Mais si nous cessons d'acheter leurs produits, elles disparaîtront.

« Guide du végétalien en herbe » du Maître Suprême Ching Hai

1. Soyez végétalien avant de faire vos courses – c'est-à-dire mangez de la nourriture végétalienne avant de faire vos courses, de sorte que vous n'ayez pas faim quand vous serez au supermarché.
2. Allez directement aux rayons végétaliens du supermarché.
3. Trouvez des recettes végétaliennes sur Internet ou auprès d'amis ou d'une organisation végétalienne.
4. Faites-vous de nouveaux amis végétaliens qui vous soutiennent.
5. Trouvez des informations sur les avantages d'être végétalien.
6. Faites connaître la tendance végétalienne.
7. Représentez-vous comme un saint.

SOYEZ ÉCOLOS

Des actions telles que planter des arbres, développer l'énergie durable et conduire des voitures hybrides, etc. sont destinées à protéger l'environnement. Bien entendu, cela inclut l'alimentation écolo, à savoir l'alimentation végétalienne.[144]

Soutenez l'agriculture biologique végétalienne

Essayez d'être bio. Achetez des aliments biologiques pour soutenir les agriculteurs biologiques. Faites ce que vous pouvez pour soutenir l'agriculture biologique végétalienne.

Des éleveurs des États-Unis, d'Iran, d'Âu Lạc (Vietnam) et de Formose (Taiwan) ont choisi de se tourner vers les activités biologiques végétariennes ou végétaliennes ; ils ont changé parce qu'ils ont été informés, parfois par d'autres personnes, qu'il y a de meilleures façons d'être un agriculteur, un vrai agriculteur qui cultive des produits préservant la vie et qui travaille en harmonie avec la terre. Nous aussi, nous pouvons être de ceux qui informent les éleveurs d'animaux, un à un, en leur parlant des méfaits de la viande et des avantages du végétalisme biologique.

Si quelqu'un veut et peut le faire, qu'il le fasse. Allez voir les agriculteurs, parlez-leur. Chaque fois que vous le pouvez, prenez le temps d'y aller. Même si nous ne sommes pas en position de pouvoir comme le sont les représentants du gouvernement, nous pouvons essayer de le faire individuellement. Parlez-leur de la situation. Parlez-leur encore et encore jusqu'à ce qu'ils comprennent. Écrivez-leur, parlez-leur. Nous pouvons seulement essayer de notre mieux.

Plantez des arbres et des légumes

On peut planter des légumes bio et des arbres. Mieux encore, des arbres fruitiers, des arbres à noix, des légumes ou des légumineuses comme les fèves et autres qui ont un besoin réduit en eau.

Un arbre à la fois, alors nous n'aurons jamais de pénurie d'oxygène.

Vous pouvez planter des légumes ou des arbres sur votre terrain ou autour de votre maison, car les fruits peuvent aussi nous rassasier. Je ne parle pas seulement de ces fruits sucrés. Il y a de nombreuses autres sortes de fruits, comme le concombre, la pastèque, la courge cireuse, la courge striée, la papaye... Plantez ce que vous pouvez. Plantez ceux qui peuvent pousser facilement, qui sont nutritifs, poussent vite et ne demandent pas beaucoup d'eau non plus, parce que nous pouvons vivre de tout.

Les gens qui possèdent un jardin peuvent cultiver des légumes au lieu de faire pousser de l'herbe ou laisser la terre vacante ; ainsi vous pouvez en cultiver assez pour vous-mêmes ou en complément. De cette façon, vous pouvez avoir de la bonne nourriture végétalienne et économiser de l'argent, du temps et de l'énergie qui autrement seraient utilisés pour le transport.

Vous pouvez même faire vos cultures à l'intérieur. Ou si vous avez un balcon, vous pouvez aussi les planter dans l'eau. Commencez maintenant de sorte que vous puissiez avoir vos propres légumes.

S'il y a une pénurie d'eau, vous pouvez planter plus de fèves ou de fruits. Les fèves sont très faciles à faire pousser. On peut les faire pousser sans eau. Vous pouvez apprendre à le faire sur Supreme Master Television.[145]

Soyez économes

Menons une vie simple, plus simple ; le plus simple sera le mieux.

Soyons économes, c'est-à-dire n'utilisons pas plus que ce dont nous avons besoin, et apprécions ce que nous avons. Les ressources que la nature nous a données sont précieuses et limitées ; nous ne pouvons pas en abuser, car c'est seulement en les utilisant avec sagesse qu'elles perdureront.

Nous n'avons pas à toujours acheter de nouveaux vêtements à la mode. Nous n'avons pas à aller au restaurant le plus tendance. Beaucoup de choses dans la vie peuvent nous donner de la joie et de la satisfaction sans nécessiter beaucoup de l'argent. On peut toujours vivre sans meubles, c'est aussi bien.

Pour économiser, utilisez moins d'eau chaude, prenez des douches moins longues. Ne laissez pas l'eau couler en prenant votre douche. Ne laissez pas couler l'eau lorsque vous vous brossez les dents. Éteignez votre ordinateur, éteignez les lumières lorsque vous n'en avez pas besoin. Éteignez tout ce qui est en veille et que vous n'utilisez pas. Ainsi vous réduirez peut-être de 10 % vos factures d'eau et d'électricité.

Une autre façon de cultiver la simplicité est de passer du temps dans le calme de la nature, ou de créer un environnement naturel à la maison où nous pouvons avoir paix et tranquillité. Lire des livres qui élèvent l'esprit comme les Écritures spirituelles, ainsi que pratiquer la méditation, sont aussi de bons moyens pour nous rappeler que nous n'avons vraiment pas besoin de beaucoup pour être heureux et vivre une vie heureuse et paisible.

FAITES DE BONNES ACTIONS

Nous devons créer une atmosphère d'amour pour notre planète. Cela nous aidera aussi à nous protéger.

Une autre bonne façon d'accélérer ce mouvement pour une planète durable est de générer une énergie plus positive : faire de bonnes actions, être aimables et gentils, étendre notre qualité d'amour. Voilà ce qui créera un écran de protection invincible pour protéger la planète et nous-mêmes.

Nous devrions faire de bonnes actions pour renforcer l'atmosphère aimante et positive de notre planète. Nous devons créer une atmosphère heureuse et aimante pour notre planète. Nous pourrons alors vivre dans cette atmosphère, en étant protégés et heureux. Ceci est très scientifique. Nous n'avons même pas besoin de croire à toutes les religions pour comprendre ceci : nous créons notre atmosphère. Si tout le monde crée une atmosphère harmonieuse, notre planète sera en paix, et nous serons comme au paradis.

Si vous avez de l'argent en trop, ou que les Bouddhas ou Bodhisattvas vous en ont donné plus que nécessaire, alors redonnez-le aux nécessiteux et aux pauvres. Ne donnez seulement qu'à ceux qui en ont besoin. Vous ne devriez pas donner pour recevoir des mérites.

PRIEZ ET FAITES PÉNITENCE

Priez, priez avec ferveur. C'est aussi très important. Priez le Ciel, tous les Bouddhas, les dieux, tous les anges qui aident à nous réveiller. Priez tous les animaux à qui nous avons fait du mal et que nous avons torturés directement ou indirectement en consommant de la viande – priez pour leur pardon. Priez aussi pour la protection et le pardon du Ciel. Priez tous les dieux d'aider à nous réveiller à temps pour sauver notre maison. Nous devons prier sincèrement et agir vite. Nous ne pouvons vraiment pas faire cela tout seul.

Nous devons nous repentir pour tout le mal fait à la Terre et à ses habitants, et demander encore et encore d'être pardonnés. Et nous devons inverser nos actions. La meilleure façon de se repentir est de faire un effort pour changer. Changez de direction, faites ce qui est bon. Abstenez-vous de tout ce qui est mauvais.

Nous pouvons prier pour que le pouvoir divin se manifeste sur Terre afin de réveiller les dirigeants, les médias, les gens influents et tous les citoyens du monde pour qu'ils prennent de bonnes mesures pour préserver notre planète, et vite – vite avant qu'il ne soit trop tard. Parce qu'à ce stade nous avons vraiment besoin de l'intervention du Ciel pour sauver notre planète. Non pas prier pour qu'il nous protège ; mais juste prier pour qu'il réveille tout le monde et que chacun adopte la solution de l'alimentation végétalienne – parce que c'est la solution qui sauvera notre planète.

LANCEZ LA TENDANCE VÉGÉTALIENNE

Partagez les informations

Ceux qui ont contribué à éveiller d'innombrables personnes à la réalité afin qu'elles puissent améliorer leur mode de vie sont les véritables pionniers dans leur domaine, et sont les étoiles et héros légitimes de notre temps.

Nous devons diffuser les informations. Tous ceux qui se préoccupent de la planète doivent diffuser les informations, ensuite les gens se joindront à nous.

Écrivez aux gouvernements et aux médias

Pour un effet de plus grande ampleur, vous pouvez contacter les responsables du gouvernement par écrit et leur faire savoir les faits à propos de cette situation désastreuse mondiale, avec toutes les informations disponibles sur notre site [SupremeMasterTV.com] que vous pouvez télécharger, copier et envoyer.[146]

Le gouvernement en est conscient ; c'est seulement qu'il accorde peut-être la priorité ailleurs. Et donc, si vous et les autres citoyens êtes préoccupés par cette situation, vous pouvez contacter votre gouvernement et lui écrire, l'informer ou lui rappeler l'urgence de la situation à laquelle nous-mêmes et les générations futures sommes confrontés.

Écrivez aux dirigeants de votre gouvernement au sujet de la solution végétalienne. Allez leur rendre visite, si cela est possible, car les dirigeants sont conscients de ces graves problèmes auxquels sont confrontés leurs pays. Et si les citoyens obtiennent également leur soutien, qu'on leur rappelle qu'ils sont concernés et que c'est dans leur intérêt, ils auront encore plus d'énergie pour lutter contre le changement climatique. Ils se souviendront que le réchauffement climatique est le sujet le plus important à l'ordre du jour, que c'est leur devoir, non seulement professionnellement, mais aussi personnellement, parce que cela les touche eux-mêmes, ainsi que leurs enfants.

Écrivez à l'ensemble du gouvernement, et pas seulement au président. En effet, le président ne peut pas toujours prendre facilement la décision tout seul. Écrivez à autant de ministères que vous le pouvez. Réalisez tout cela ensemble, en faisant de nombreuses copies et en les envoyant au président et aux principaux ministères qui peuvent prendre cette décision.

Écrivez beaucoup. Envoyez-leur par courriel, par fax, par lettre ; écrivez aux journaux, parlez-en à la radio et à la télévision. Faites des interviews. Dites à tous ce que vous savez. Essayez de faire du lobbying où vous pouvez. Parlez aux responsables que vous connaissez. Parlez-en à leurs amis. Si vous ne connaissez pas de dirigeant, parlez à un ami du dirigeant, à la famille du dirigeant, à une connaissance du dirigeant, au serveur du dirigeant, à la serveuse, aux femmes de ménage, aux chauffeurs, aux membres de leur famille, à leurs enfants, aux enfants qui vont à la même école que vos enfants, à leurs employés, à leur secrétaire, à tous ceux par qui vous pensez que les oreilles des dirigeants pourront être atteintes d'une manière acceptable.

Si les dirigeants prennent des mesures positives, alors nous devrions également écrire pour les remercier et les encourager. Nous devrions avoir pour eux des encouragements positifs. Nous devons les encourager quand ils font des choses justes et ainsi ils iront plus loin dans cette direction, ou mieux encore, ils l'amélioreront.

J'ai écrit une lettre au président Obama, au Parlement européen, au Commissaire européen, et ils m'ont répondu. Ils ont dit qu'ils en tiendraient compte, qu'ils notaient ce que je disais et que mes mots et conseils seraient dans leur cœur, leur esprit, dans les jours à venir. J'apprécie ce genre de dirigeants qui écoutent.

Menez des actions de terrain et développez la tendance végétalienne

Organisez des séminaires sur le terrain. Diffusez auprès du public des preuves et des informations au sujet de la solution du réchauffement climatique. Conjuguez vos efforts avec d'autres végétaliens. En travaillant tous ensemble, les fruits du travail se multiplient et la planète pourra être sauvée.

En tant qu'individus et communautés, nous devons agir au lieu d'attendre que le gouvernement ou la technologie se développent. C'est si simple. Juste une solution : le régime compatissant, parce que la compassion engendre la compassion. C'est une loi très simple de l'univers. Chaque action a une réaction. Donc, nul besoin d'attendre le processus d'approbation des politiques gouvernementales ou des ressources financières, etc.

Sur un plan plus local à nouveau, vous pouvez organiser des cours de cuisine. Cela aidera les gens à comprendre à quel point il est facile de cuisiner des repas végétaliens délicieux et nutritifs pour eux-mêmes et leurs familles.

J'ai aussi eu l'idée d'une chaîne de restaurants végétaliens qui servirait des plats végétaliens rapides, savoureux et nutritifs, appelée Loving Hut, et celle-ci se concrétise. Il y en a un grand nombre maintenant, plus de 221 restaurants Loving Hut sont ouverts dans de nombreux pays, de Formose (Taiwan) à la France, des États-Unis à l'Australie.[147] Ils sont ouverts dans des endroits très fréquentés comme les centres commerciaux et les principaux carrefours.

L'un des délicieux plats végétaliens présentés par le Maître Suprême Ching Hai dans son émission de cuisine spéciale « Un cadeau d'amour », SupremeMasterTV.com/gol ; SupremeMasterTV.com/veg.

Tout le monde peut aussi ouvrir un restaurant végétalien. Les gens n'y vont pas nécessairement parce que c'est végétalien, mais parce qu'ils pensent vraiment que c'est tout à fait normal, qu'on y mange bien, et que, comme les clients, jeunes et plus âgés, le rapportent, « c'est même meilleur que la viande ! » Ainsi, en rendant la cuisine et les produits végétaliens plus accessibles aux gens, cela devient une véritable alternative.

Inspirée par le Maître Suprême Ching Hai, la chaîne internationale de restaurants végétaliens Loving Hut a remporté le Prix Végé 2010 du magazine VegNews dans la catégorie « Restaurant favori » (à travers le monde).

Les gens essaient de s'unir aujourd'hui pour résoudre cette crise urgente. Je vois l'amélioration et l'acceptation partout.

Je vois les efforts de paix, je vois de généreuses mains tendues de toutes les nations, de la part d'individus, de groupes et d'organisations.

Je vois l'amour grandir de différentes manières.

Ces signes peuvent sembler encore insignifiants aujourd'hui, mais ils sont comme des étincelles de feu qui vont bientôt se transformer en flammes puissantes et qui réduiront en cendres l'ignorance et la haine passées, amorçant ainsi le renouveau d'une race plus noble et plus sainte sur Terre.

S'il vous plaît, pensez positif et continuez à faire ce que vous pouvez pour réveiller vos voisins. Et continuez à rêver d'un monde céleste dans notre vie et continuez jusqu'aux prochaines générations à venir.

Nous sommes ensemble. Nous sommes sans peur. Nous sommes forts. Nous sommes déterminés à changer le monde. Nous sommes courageux. Nous sommes avec toute l'humanité qui souhaite un monde pacifique, sûr et aimant.

Et nous le méritons tous ! S'il vous plaît, continuez.

6 Le saut de l'humanité dans l'Âge d'Or

Le temps est venu pour nous de changer, d'évoluer, de grandir et de nous tenir debout en tant que sommets légitimes de la création, en tant que dirigeants et protecteurs bienveillants, et enfants du paradis sur Terre. Ensemble, faisons ce saut sans précédent dans l'Âge d'Or, dans l'ère de la compassion, de l'harmonie, de la gentillesse et de la vraie paix qui nous attend. Je sais que nous pouvons le faire.

I. Un tournant dans l'évolution humaine

Un petit pas de la part de chacun dans la bonne direction peut aboutir à un grand pas en avant dans notre évolution en tant que race humaine. Et ce petit pas est très simple. Il s'agit simplement de ne pas tuer. Respecter le principe de « vivre et laisser vivre », adhérer à la loi universelle par laquelle nous accordons la vie pour obtenir la vie, car qui se ressemble s'assemble ; nous savons tous cela. Cela implique bien sûr l'adoption d'une alimentation végétalienne.

Les humains sont naturellement plus généreux et paisibles dans leur cœur ; c'est juste que nous avons tous été mal informés et induits en erreur depuis très, très, très longtemps. Nous avons cru que la viande, les produits laitiers, le poisson et les œufs étaient bons pour nous. C'est totalement faux. C'est tout le contraire. Il a été prouvé que ces choses, dont on nous a dit qu'elles étaient « bonnes pour nous » – comme la viande, le poisson, les produits laitiers, les œufs et n'importe quel produit d'origine animale – sont toutes mauvaises. Elles sont le contraire de ce qui est bon. Elles nous ont apporté souffrances et maladies, et ont provoqué, pour les contribuables, d'immenses pertes financières pour soigner les maladies, et pour les activités qui leur sont associées.

Nous avons donc été trompés pendant très, très longtemps. À présent, nous devons effectuer des recherches, écouter les avis sages des médecins et des scientifiques. Nous devons lire les résultats de leurs recherches : la viande et les produits animaux sont vraiment, vraiment toxiques pour nous. Nous devons arrêter maintenant, en particulier pour nos enfants. Nous ne pouvons pas continuer à empoisonner nos enfants qui sont sans défense. Ces pauvres enfants comptent sur nous ; ils pensent que nous sommes informés. Mais ce n'est pas de notre faute. Nous devons simplement faire demi-tour.

Pourquoi n'est-ce pas de notre faute ? Parce qu'on nous a également enseigné cela, et que nos grands-parents, nos arrière-grands-parents ont aussi été élevés de cette façon. Parce que trop occupés à travailler pour notre survie quotidienne, nous n'avons pas eu le temps de faire des recherches, donc nous ne savions pas que ces choses étaient vraiment toxiques pour nous.

Et en plus, cela consume notre planète. Cela ne fait pas que tuer les gens et les animaux, cela tue notre planète. Et nous devons arrêter cela pour sauver notre monde. Faisons demi-tour, c'est tout. Marchons dans la direction opposée, dans la bonne direction, sans causer plus de souffrances, sans prendre davantage de vies, mais en aimant et en protégeant toutes les créatures. C'est le saut dont l'humanité a besoin.

Nous nous sentirons complètement différents après avoir effectué ce saut. Nous sentirons que nous avons évolué automatiquement vers un niveau de conscience plus élevé. Imaginez simplement que nous soyons grands, forts, intelligents et capables. Nous sommes à même de planter toutes sortes de choses pour nous nourrir, et nous ne devrions pas utiliser notre volonté, notre intelligence, notre capacité pour tourmenter, molester, torturer, causer de la souffrance et tuer ces petits animaux sans défense et innocents, qui ne nous ont jamais fait aucun mal. Selon nos lois, ils sont innocents. Et si nous tuons les êtres innocents, nous sommes ceux qui devraient être punis. Je suis désolée si je vous offense, mais c'est la vérité. Et je suis sûre que vous la comprenez.

Par notre saut dans cette évolution, nous pouvons quitter cette existence de désir et de peur, pour aller vers une vraie vie de paix, d'amour et d'illumination – quitter le cercle malveillant de la tuerie, de la souffrance et de la violence pour rejoindre un cercle de bonté aimante, de protection et de bonheur.

Pouvons-nous imaginer un monde où les faibles n'ont jamais peur des forts, où il n'y a plus aucune violence, plus aucun combat entre voisins, proches ou lointains, et où aucun enfant ne doit mourir de faim, de soif ou de maladie toutes les quelques secondes, chaque jour, alors que sa mère le regarde complètement impuissante avec le cœur noyé dans le chagrin ?

Alors que je vous parle, de nombreux enfants sont en train de mourir quelque part. Toutes les quelques secondes, un enfant meurt de faim. Nous ne pouvons pas continuer à faire cela. Nous ne pouvons plus attendre. Nous devons sauver ces vies, pas seulement les vies des animaux, mais les vies de nos enfants, même s'ils ne sont pas nos enfants, ce sont ceux d'autres personnes.

La viande cause tant de souffrance parce qu'elle provoque la faim et la guerre. Nous utilisons toutes nos céréales, graines, soja et bonnes ressources, la terre et l'eau, pour soutenir l'industrie de la viande, et par conséquent le monde est à court de nourriture et d'eau. Pour sauver des vies, nous devons donc arrêter l'industrie de la viande.

Notre manière de vivre actuelle est un état profondément dégradé de ce que nous sommes vraiment. Nous sommes les enfants de Dieu, qui sont tout amour et toute bonté. Nous sommes les héritiers du Ciel. Nous avons juste oublié. Pouvez-vous imaginer un Dieu qui vient ici sur Terre et tue tout ce qu'Ielle voit pour le manger ? Désolée, s'il y a un Dieu comme cela, je ne veux pas être Son enfant. Aimeriez-vous être les enfants de ce genre de Dieu ?

D'accord, non. Merci. Vous êtes si bons. Si Dieu est toute miséricorde, toute compassion, tout amour et que nous sommes les enfants de Dieu, alors ne pensez-vous pas que nous devrions marcher comme les enfants de Dieu sur Terre ?

Nous devons suivre la voie de l'amour et de la compassion. Nous devons représenter notre Père si nous voulons glorifier Son nom. Chaque jour, nous prions toujours « Que Ton nom soit sanctifié… sur la Terre comme au Ciel », mais que faisons-nous pour sanctifier Son nom ? Nous devons Le/La représenter.

Nous prions toujours Dieu car nous pensons que Dieu est miséricordieux, protecteur, compatissant et aimant. Et nous sommes les enfants de Dieu, nous devons représenter ces qualités. Nous sommes ces qualités : nous sommes amour et bonté. Nous avons simplement été trompés, mal informés, et nous avons oublié. Donc, s'il vous plaît, rappelez-vous : ces qualités sont profondément en nous et nous savons qu'il doit y avoir quelque chose de mieux que ce que nous voyons autour de nous.

À travers l'histoire, nous avons des exemples d'êtres humains dont les vies ont été si exaltantes qu'ils continuent à briller encore aujourd'hui ; non seulement des professeurs spirituels, mais aussi des philosophes comme Platon, des hommes d'État comme Socrate, le mathématicien Pythagore, et le poète Ralph Waldo Emerson en Amérique. Tous étaient végétaliens. Êtes-vous surpris ? Non. Vous ne m'avez pas l'air surpris. Vous saviez tout cela. Tous les grands êtres sont végétariens ou végétaliens. Si nous les étudions attentivement, nous verrons que l'essence de base de la vie civilisée qu'ils enseignaient est l'alimentation végétalienne.

L'alimentation végétalienne est l'un des premiers grands actes de compassion, qui ne nuit pas à une autre vie, et qui ne dégrade même pas l'environnement. Si nous comparons un régime carné à un régime végétalien, le premier nécessite environ 14 fois plus d'eau, 6 fois plus de céréales, 10 fois plus d'énergie, et 20 fois plus de terre, tout en détruisant souvent notre précieuse forêt tropicale.

Être végétalien est une bonne affaire en termes de mérite vertueux, et aussi pour préserver la seule demeure que nous ayons. Moins nous abîmons la planète et nuisons à ses habitants, moins nous devons payer. Cela nous coûte cher à présent, et nous paierons encore plus cher si nous n'arrêtons pas l'industrie de la viande et des animaux.

Plus nous exerçons notre bonté aimante et notre protection à l'égard de tous les êtres, plus nous serons grandioses dans le monde et plus grandiose sera le sentiment dans notre cœur et dans le Royaume du paradis. C'est pour cela que les grands Maîtres et les autres âmes illuminées du passé nous ont tous appris une seule et même chose : si nous ne voulons pas que l'on nous nuise, nous ne devons pas nuire à autrui. Regardez toutes les religions ; toutes disent la même chose, disent cette même phrase, et ont cette même signification. Nous devrions faire à autrui tout ce qui est bon pour nous, car tout ce que nous semons, nous le récolterons, inévitablement. C'est pour cela qu'ils nous ont appris à ne pas manger d'animaux et à être végétaliens.

Faire ce saut est un très petit changement dans l'alimentation. Au lieu de la viande, au lieu de la protéine animale, nous choisissons la protéine végétale, qui de toute évidence est une protéine de première classe. Pourquoi la protéine animale est-elle de seconde classe ? Parce que si les animaux ont mangé des fruits et des légumes de première classe et qu'ensuite nous mangeons leur chair, ça devient de seconde classe. Puisque nous sommes des humains, pourquoi choisissons-nous quelque chose de seconde classe ? Cela ne nous correspond pas. Donc nous devons faire ce saut.

Mesdames et messieurs, nous devons faire ce saut, car si nous le faisons, l'Âge d'Or sera là en un rien de temps, annonçant une période de vie en paix, sans la perte incessante de vies – des morts précoces par dizaines de milliards chaque année ! Torturés et assassinés pour notre plaisir fugace, pour quelque chose que nous pourrions toujours remplacer. La viande est remplaçable.

Il y a tant de merveilles de la vie terrestre que nous ne connaissons pas et que nous n'avons pas encore découvertes, tellement de connaissances scientifiques à révéler, à explorer et à inventer, et de technologies incroyables à découvrir et développer ! De meilleurs systèmes sociaux existent. Il y a des choses qui sont au-delà de notre niveau actuel de logique ou même au-delà de notre imagination, mais elles ne peuvent se réaliser qu'en puisant dans notre sagesse et notre pouvoir créateur.

Afin d'ouvrir cette sagesse, nous devons d'abord retirer les substances nuisibles qui la bloquent et l'affaiblissent, comme la viande, les produits laitiers, le poisson, la volaille et tous les produits animaux. Ces choses font obstacle à notre intelligence, et retardent notre progrès, non seulement spirituel ou moral, mais aussi technologique.

Enfin, outre nos raisons personnelles de vouloir accueillir l'Âge d'Or, nous devons aussi tenir compte de la planète que – je suis sûre que vous le savez – nous risquons désormais de perdre à tout moment. Ce saut de conscience vise aussi à sauver notre planète et tous les autres êtres qui méritent eux aussi de vivre dans un monde harmonieux.

Si tout le monde fait ce saut ou ce changement, nous pourrons sauver notre planète. Je le promets, avec tout l'honneur que j'ai, et Dieu en est témoin. En même temps, nous nous élèverons, ce qui devait se faire depuis longtemps.

LA RACE HUMAINE EST PRÊTE À AVANCER

Il est grand temps que la race humaine s'élève à un niveau de conscience supérieur. Elle devrait être noble, douce et compatissante. Devenir végétalien, être écolo et faire le bien n'est pas seulement pour la planète, c'est pour le mérite et la qualité spirituels qui rendent noble toute la race humaine. Les humains devraient le faire simplement pour être nobles.

Nous devons retourner à notre nature attentionnée et compatissante qui se trouve dans nos cœurs. C'est très simple puisque nous sommes ainsi. Nous sommes la compassion. Nous sommes miséricordieux ; nous sommes attentionnés.

Si nous voulons vraiment voir naître la véritable harmonie entre les êtres humains, les animaux, la nature et le Ciel, nous devons être l'harmonie ; nous devons vivre et agir en harmonie, ce qui inclut l'acte de manger de manière harmonieuse chaque fois que nous nous mettons à table.

Faire un choix végétalien est donc un véritable progrès dans l'évolution et la bonté de notre humanité. Et puis, nous savons aussi que les semblables s'attirent ;

la bonté attire davantage de bonté. À mesure que nous partagerons cette vérité de compassion avec les autres, notre propre humanité grandira, et la planète aussi.

II. La Terre s'élève vers une civilisation galactique supérieure

Concernant l'élévation de notre planète, il est dans le plan universel que notre planète rattrape et progresse avec les autres planètes plus élevées et plus développées spirituellement ; c'est le plan. Mais les humains ont reçu le libre arbitre, et ils ne l'ont pas utilisé sagement.

Tirer les leçons de Mars et Vénus

La vision de la Terre rejoignant les autres planètes de la galaxie, c'est une grande vision. Il nous suffit de regarder nos propres voisins planétaires, Mars et Vénus, pour voir que la vision est sombre et désastreuse, si nous ne faisons pas maintenant le bon choix, le bon changement.

N'importe quel scientifique planétaire sait que Mars et Vénus ont connu des changements atmosphériques dramatiques par le passé, similaires à ceux que nous avons commencé à expérimenter sur Terre. Il y a longtemps, Mars et Vénus étaient très similaires à notre planète – elles possédaient de l'eau, de la vie et des gens comme nous. Mais les habitants de Mars et Vénus ont détruit leur propre planète, leur foyer car ils élevaient trop d'animaux, si bien que les gaz émis ont déclenché un effet de serre irréversible, avec en plus sur Mars, du sulfure d'hydrogène. C'est pour cela que l'on peut y observer les traces formées par les océans et les continents d'autrefois.

Environ 5 milliards de planètes ont été détruites ou ont connu un sort similaire à celui de Vénus ou à Mars. Seules les planètes dont les habitants ont un faible niveau de conscience ont été détruites ou abîmées, mais non celles de niveau élevé.

Sur Vénus, l'atmosphère est si chaude et étouffante, avec tant de CO_2, que les scientifiques ont appelé cela l'« emballement du réchauffement climatique » et disent que c'est ce à quoi pourrait ressembler l'avenir de la Terre.

Les planètes qui ont réchappé à la destruction, comme Vénus, ont été sauvées parce que leurs sociétés sont devenues végétaliennes – je parle de celles qui sont sauvées. Il y avait quatre Vénus, mais seules deux d'entre elles ont été sauvées parce que leurs sociétés sont devenues végétaliennes. Les deux autres Vénus ont été détruites – l'une a complètement disparu et l'autre est bouillante et inhabitable, parce que leurs habitants n'ont pas été végétaliens.

La plupart des habitants sur la planète Mars ne savaient pas, ou n'ont pas entendu le fait que le régime végétalien était la solution. Les Martiens ont connu une fois la destruction et n'ont jamais oublié la douloureuse leçon ; ils ont eu la gentillesse d'envoyer leur message aux humains de la Terre par notre contact. Leur message est : « Soyez vertueux, sauvez votre maison avant qu'il ne soit trop tard ».

Nous en sommes presque là ; nous sommes presque au point de non-retour. C'est pourquoi maintenant nous essayons de diffuser en permanence le message de la solution : l'alimentation végétalienne. Elle a le pouvoir physique d'arrêter le réchauffement mondial car elle a un pouvoir moral. Elle a un pouvoir scientifique, comme « les semblables s'attirent ». Nous devons respecter la vie ; ainsi nous engendrerons la vie.

De nobles amis dans les galaxies attendent

Tout comme il y a beaucoup de planètes non-végétaliennes, il y a aussi de nombreuses planètes végétaliennes. Elles sont innombrables. Dans notre seule galaxie, elles sont déjà innombrables. Et ces planètes où la société est végétalienne sont plus avancées que la nôtre. Elles ont même des ceintures de transport. Il y a beaucoup plus que ce dont nous pourrions rêver.

Dans ces sociétés, les personnes peuvent jouir de beaucoup de temps pour leur loisir, développer leurs intérêts et leurs talents, et découvrir aussi leurs capacités latentes. Par conséquent de nombreuses inventions merveilleuses ont vu le jour dans de telles sociétés. De nombreuses choses merveilleuses s'y produisent parce que les gens sont détendus et accomplissent ce qu'ils font de mieux. Nul ne s'inquiète jamais de manquer du nécessaire physique ; ainsi leurs vies sont remplies de liberté et de bonheur. Cela n'a-t-il pas l'air merveilleux ?

Toutes ces sociétés sont aussi végétaliennes, comme je vous l'ai dit. Leur concept de vie est très clair – très clair, très désintéressé, inconditionnel, très intelligent. Je n'ai pas vu une seule civilisation aussi avancée, heureuse et joyeuse qui ne soit pas une société végétalienne.

Une fois que nous arrêterons le massacre, nous générerons une atmosphère plus aimante, douce et accueillante pour les autres êtres nobles de la galaxie qui pourraient peut-être nous rejoindre ou entrer en contact avec nous.

Si nous avions la chance de connaître cette sorte de planète, ou cette sorte d'êtres développés, alors le bonheur et la paix de cette planète ou de ces gens nous feraient nous sentir si malheureux d'être là, que nous ne nous préoccuperions plus autant des gains et des responsabilités de ce monde. Nous quitterions simplement celui-ci à tout moment si nous avions la possibilité de les rejoindre. Mais comme nous ne sommes pas aussi développés qu'eux – spirituellement, mentalement, psychologiquement et en termes de vertu – certains d'entre nous ne le sont pas, nous ne pouvons pas être si proches d'eux ; ce n'est pas que nous ne puissions pas les rejoindre, ni que notre planète ne puisse être classée parmi eux.

Ils attendent donc avec impatience. Ils nous ont transmis des messages selon lesquels nous devons nous développer davantage pour pouvoir rattraper tout le système des galaxies, et qu'ils se tiennent toujours prêts à nous aider, à élever notre niveau de compréhension spirituelle, notre capacité mentale et aussi notre technologie.

Ils ne nous imposeront pas leur volonté non plus. Ils attendent, attendent et attendent que nous soyons prêts. Tant que nous ne choisirons pas de vivre selon les normes universelles élevées, nous aurons des difficultés à trouver la paix en nous, et ce sera encore plus difficile avec d'autres êtres de l'univers. Nous n'aurons aucun contact avec les citoyens des planètes voisines, et par conséquent nous ne connaîtrons pas leur existence.

Cependant, il n'est pas difficile de changer tout cela. Nous n'avons qu'à retourner à notre moi originel d'amour, parce que c'est ce que nous sommes. Nous sommes l'amour. Nous sommes divins. Nous sommes la compassion. Nous sommes tout ce qu'il y a de mieux dans l'univers. C'est simplement que nous avons oublié.

III. Réaliser le rêve édénique

Si le monde devenait végétalien à 100 % maintenant, les bons effets se verraient en plus ou moins 60 jours. Cela correspond à 8 courtes semaines. En 8 semaines, nous verrions l'effet immédiat. Bien sûr, vous le verriez aussi immédiatement ; c'est presque immédiat. Mais vous pourrez vous en rendre compte en 8 courtes semaines.

En 8 semaines, tous les désastres s'arrêteraient. C'est ainsi que le Ciel a été créé. D'où pensez-vous que vient le Ciel ? Le Ciel est un lieu où tous les êtres agissent de la même manière. Je ne veux pas dire uniformément, mais au même niveau de compassion, d'amour, de connaissance spirituelle, de compréhension et de noblesse. Le Ciel est ainsi.

Le Ciel descend vraiment pour nous rencontrer, si nous nous élevons pour nous aligner sur le standard du Ciel. Et si chacun pouvait le comprendre et effectuer des pas de bébé, en réalité un pas seulement, un pas très important qui décide du destin de notre planète – c'est le pas végétalien – et tout le reste viendra à nous spontanément. Si nous sommes charitables, nous engendrerons la clémence. La loi universelle ne faillit jamais.

L'énergie négative, meurtrière et mauvaise deviendra bienveillante, heureuse et détendue pour tous les habitants de cette planète, y compris les animaux, et bien sûr et avant tout les humains.

Et sur quel genre de Terre vivrions-nous ? Ce serait de nouveau l'Éden. Nous aurions une paix soudaine et une prise de conscience immédiate de la similitude entre toutes les nations, entre tous les humains, et entre les humains et les animaux. La réalisation naîtra en nous. Il n'y a aucun besoin d'explication. Les gens comprendront soudainement que nous sommes tous égaux. Nous et tous les cohabitants, les animaux, sommes égaux. Et les gens auront même du respect pour les arbres et les plantes.

Si nous changeons notre mode de vie pour une qualité plus céleste, alors l'intelligence céleste se réveillera à nouveau en nous et nous aurons une liste interminable d'inventions et de choses pratiques à portée de main. Nous aurons des voitures volantes – pas seulement comme ils les font maintenant, mais plus commodes. Nous pourrions même avoir des ceintures pour voler comme sur les autres planètes.

Notre compréhension scientifique et technologique ira également au-delà de la Terre, car avec une atmosphère de compassion élevée, nous pourrons même communiquer avec des gens d'autres planètes plus avancées et apprendre d'eux, échanger nos connaissances réciproques.

Chaque nation disposera naturellement de ressources suffisantes et échangera sans réserve avec les autres. Il existe des systèmes sans argent, sur la base de ce que j'ai vu dans des sociétés plus avancées sur d'autres planètes de l'univers. Ce n'est pas le système qui est comme ceci ou cela. Ce sont les gens, le concept de vie, le concept de société qui doivent d'abord changer, le concept qu'ont les gens. Une fois qu'ils auront opéré ce changement pour devenir plus sociables, plus gentils, plus comme une famille planétaire, alors ce système d'échange se manifestera automatiquement.

Tout le monde aimera et partagera avec les autres l'amour, l'affection et les biens.

Nous aurons alors une vie plus heureuse et il y aura moins de gens malheureux, moins ou pas de personnes sans-abri, peu ou pas d'enfants qui ont faim, peu ou pas de maladie du tout. Et les animaux seront protégés : il n'y aura plus du tout de mangeurs de chair, seulement des végétariens ou des végétaliens.

Chaque jour, vous vous saluerez avec un sourire, et il n'y aura plus aucune compétitivité dans le travail ; chacun laissera l'autre tranquille ; il y aura simplement de l'amour et de l'amitié. Et plus la conscience de la planète sera élevée, plus ce type d'énergie, d'amour et de bonté sera intense.

Devenir végétalien dans ce monde y fera progresser la compassion. Toutes les cultures seront ainsi élevées et unifiées, tout en apportant la tranquillité aux humains et aux animaux. Remplacer l'acte de tuer par le respect de toute vie générera une paix intérieure qui se propagera comme une onde sur toute la planète, élèvera le cœur des humains et créera un Éden harmonieux sur Terre. Cela nous conduira tous vers un Âge d'Or durable.

Le Maître Suprême Ching Hai à Monaco, 2007

Annexes

1. Élévation du niveau des mers et ses effets dans le monde

Ce n'est pas seulement les petits États insulaires qui doivent se soucier de l'élévation du niveau des mers. Plus de 70 % de la population mondiale vit sur les plaines côtières, et 11 des 15 plus grandes villes du monde sont dans des estuaires côtiers. Au cours du XXe siècle, le niveau des mers s'est élevé de 10 à 20 cm.

Le GIEC prévoit au cours du XXIe siècle une hausse du niveau des mers comprise entre 9 et 88 cm. **Cette élévation projetée paraît modeste, mais elle fera des ravages.** Inondations côtières, tempêtes, érosion des rives, contamination de l'eau douce par l'eau salée, inondation des zones humides côtières et des îles-barrières, et augmentation de la salinité des estuaires sont autant de réalités de cette modeste élévation du niveau des mers.

Une possibilité réelle effrayante est la fonte de la calotte glaciaire du Groenland. Selon le GIEC, « Les modèles climatiques indiquent un réchauffement local probable au-dessus du Groenland de un à trois fois la moyenne mondiale. Les modèles utilisés pour l'étude des inlandsis indiquent qu'un réchauffement local de plus de 3°C se poursuivant pendant des millénaires entraînerait la fonte quasi totale de l'inlandsis groenlandais et l'élévation du niveau de la mer de 7 m environ. » (*Troisième évaluation du GIEC, Rapport de synthèse, Résumé à l'intention des décideurs*).

Entre la calotte glaciaire du Groenland et la calotte glaciaire de l'Antarctique Ouest, le monde pourrait bien être confronté à une élévation du niveau de la mer de 13 mètres, si nous ne réduisons pas de manière drastique les émissions de gaz à effet. Même une petite fraction de cette élévation du niveau des mers serait une catastrophe économique et humanitaire. Voici les conséquences possibles de l'élévation du niveau.

- **Des milliards dépensés pour l'adaptation** – si on peut se le permettre. Une étude récente a estimé que les coûts d'adaptation à une élévation du niveau de la mer d'un mètre aux États-Unis atteindraient 156 milliards de dollars (3 % du PNB).
- Avec un seul mètre d'élévation du niveau des mers, certaines nations insulaires, comme les Maldives, seraient submergées. Déjà, deux des îles qui forment Kiribati (une nation insulaire du Pacifique) ont disparu sous les flots. **Si les tendances actuelles du réchauffement se poursuivent, des villes comme Londres, Bangkok et New York se retrouveront sous le niveau de la mer, déplaçant des millions de gens et causant d'énormes dégâts économiques.**
- La montée des océans va contaminer les réserves d'eau douce en surface et souterraines, aggravant la pénurie mondiale d'eau douce.

- Les populations rurales et les terres agricoles (en particulier pour le riz) sur certaines côtes disparaîtront. (Source : http://www.greenpeace.org/international/campaigns/climate-change/impacts/sea_level_rise/)

2. **Recul accru des glaciers du monde**

- Le manteau neigeux de la Sierra Nevada, aux États-Unis, qui fournit l'eau d'irrigation à travers la Vallée Centrale de la Californie, le grenier des fruits et légumes du monde, fond déjà plus tôt au printemps et devrait se réduire de 30 à 70 % d'ici la fin du siècle. (Source : http://www.sierranevadaalliance.org/programs/db/pics/1133215435_14399.f_pdf.pdf Sierra Climate Change Toolkit 2nd edition, Sierra Nevada Alliance)
- Les champs de glace sur la plus haute montagne d'Afrique, le Kilimandjaro, ont diminué de 80 % au cours du siècle passé, avec une diminution de 33 % entre 1989 et 2000. (Source : Thompson LG, Mosley-Thompson E, Davis ME, Henderson KA, Brecher HH, Zagorodnov VS, Mashiotta TA, Lin PN, Mikhalenko VN, Hardy DR, Beer J. 2002. « Kilimanjaro ice core records: evidence of Holocene climate change in tropical Africa ». *Science* 298 : 589—593. http://bprc.osu.edu/Icecore/589.pdf
- Le réchauffement climatique fait fondre les glaciers de la Chine de 7 % par an, ce qui pourrait avoir des effets dévastateurs sur les 300 millions de personnes qui en dépendent pour leur eau. (Source : « Ice-capped Roof Of World Turns To Desert » de Geoffrey Lean, 8 mai 2006, *The Independent*, http://www.countercurrents.org/cc-lean080506.htm)
- Depuis les années 1930, les zones glaciaires dans les montagnes d'Asie centrale ont diminué de 35 à 50 % et des centaines de petits glaciers ont déjà disparu. (Source : http://www.unep.org/pdf/ABCSummaryFinal.pdf UNEP Atmospheric Brown Clouds : Regional Assessment Report With Focus on Asia 2008)

3. **Des conditions météorologiques mondiales extrêmes**

L'année 2010 est la plus chaude enregistrée jusqu'à présent :

Cette année est en voie d'être l'année la plus chaude jamais enregistrée, selon les scientifiques de l'Administration nationale américaine de l'Océan et de l'Atmosphère (NOAA). Les températures de juillet sont les deuxièmes plus élevées de l'histoire, et celles de mars, avril, mai et juin sont les plus élevées jamais enregistrées.

En juin 2010, David Easterling du Centre national de données climatiques de la NOAA a formulé l'observation inhabituelle que les masses terrestres à travers le monde entier étaient chaudes. **En outre, 17 pays, représentant 19 % de la superficie totale de la surface terrestre, et incluant des nations du Nord comme la Finlande et la Russie, ont enregistré des records de chaleur.** Il s'agit de la plus grande surface de la planète à avoir connu de telles températures élevées au cours de la même année. À propos de ces chiffres alarmants, le Dr Mark Serreze, directeur du Centre national des données sur la neige et la glace des États-Unis, a déclaré : « Le point central à ce sujet est que le réchauffement planétaire ne s'est pas arrêté. »

Kevin Trenberth, chef de la section d'analyse du climat du Centre National de Recherches Atmosphériques (NCAR), a en outre averti que dans ces conditions nous devions nous préparer à des tempêtes tropicales accrues, en disant : « La dernière fois qu'il a fait si chaud était lorsque nous avons eu une saison record d'ouragans qui a conduit à Katrina et à Rita, et nous avons manqué de lettres de l'alphabet [pour nommer les ouragans]. Cette année, les températures dans l'Atlantique sont plus élevées qu'elles ne l'ont été en 2005. »

(Source : http://solveclimate.com/blog/20100816/most-everheat-record-temperatures-19-percent-earths-surface, http://news.discovery.com/earth/heat-record-climate-change.html, http://www.washingtonpost.com/wp-dyn/content/article/2010/08/13/AR2010081306090.html, http://www.accuweather.com/blogs/news/story/35632/hottest-year-on-record-so-far.asp, http://green.blogs.nytimes.com/2010/08/17weather-extremes-and-climate-change)

En Russie

En 2010, la chaleur extrême en Russie a provoqué 14 340 morts à Moscou au cours du seul mois de juillet. La chaleur a également causé les pires conditions de sécheresse en Russie d'Europe en un demi-siècle, conduisant le gouvernement russe à suspendre les exportations de blé. La chaleur, à son tour, a provoqué un danger extrême d'incendie sur une grande partie du territoire de la Russie européenne.

(Source : http://climateprogress.org/2010/08/07/russian-heat-wave-drought-soil-moisture-wheat)

Aux États-Unis

L'année 2010 a débuté avec des conditions glaciales en Floride. L'été qui a suivi a été le plus chaud dans la région.

En Australie

Le nord de l'Australie a connu, de mai à octobre, la période la plus humide jamais enregistrée, tandis qu'au sud-ouest, le temps n'avait jamais été aussi sec.

En Amérique du Sud

Certaines parties du bassin de l'Amazone, frappées par la sécheresse, ont atteint leurs niveaux d'eau les plus bas de leur histoire.

(Source : http://seattletimes.nwsource.com/html/businesstechnology/2013716921_apyescidisastrousyear.html)

4. D'immenses feux de forêts

En Australie

L'est de l'Australie se prépare à plus d'incendies et d'inondations, car le sud fait face à une chaleur extrême et de fortes pluies ont menacé de provoquer des crues qui ravageraient le nord. Il est déjà prévu qu'une vague de chaleur unique en un siècle s'intensifie au cours du week-end avec des températures élevées et des vents secs produisant les pires conditions de feux de forêt en 25 ans.

(Source : http://www.google.com/hostednews/afp/article/ALeqM5gyUztdckUqzd_SFg9jClfRmHIWEg)

En Russie

En août 2010, des feux de forêts et de tourbes ont brûlé de façon incontrôlée, faisant ainsi rage dans une grande partie du territoire européen du pays ; sept régions russes ont déclaré l'état d'urgence. Au total, 520 feux se sont déclarés à travers la Russie, sur une superficie totale de 188 525 hectares. Près de 650 000 hectares ont été brûlés.

(Source : http://online.wsj.com/article/SB10001424052748704017904575408833952872038.html)

5. Des inondations majeures à travers le monde

Les inondations ont tué plus de 6 300 personnes dans 59 pays entre janvier et septembre 2010, selon l'Organisation mondiale de la Santé. Selon Swiss Re, près de 260 000 personnes sont mortes dans des catastrophes naturelles entre janvier et novembre 2010. Par ailleurs, les catastrophes ont causé 222 milliards de dollars de pertes économiques en 2010 – plus que le produit intérieur brut de Hong Kong.

(Source : http://seattletimes.nwsource.com/html/businesstechnology/2013716921_apyescidisastrousyear.html)

En Chine

En 2010, de larges pans de la Chine ont été frappés par des pluies d'été qui ont déclenché les pires inondations depuis une dizaine d'années ; elles ont aussi causé d'innombrables glissements de terrain meurtriers et provoqué l'élévation dangereuse de nombreux grands fleuves. 1,4 million de maisons ont été détruites par les inondations, entraînant 41 milliards de dollars de pertes économiques directes.

Le nord-est de la Chine a été la zone la plus touchée ; des villes entières ont été inondées et des rivières limitrophes de la Corée du Nord se sont élevées à des niveaux critiques, faisant craindre des inondations dans les deux pays.

(Source : http://www.google.com/hostednews/afp/article/ALeqM5juX85JVgP2tsnqUSZxNgLuXejxDw)

Au Pakistan

En 2010, les inondations au Pakistan ont commencé en juillet, après des pluies abondantes de la mousson. Plus de 2 000 personnes sont mortes, 20 millions d'autres seraient blessées ou sont sans-abri, et plus d'un million de maisons ont été détruites.

(Source : http://fr.wikipedia.org/wiki/Inondations_de_2010_au_Pakistan)

En Australie

En janvier 2011, le Queensland, en Australie, a été frappé par des inondations massives décrites comme une catastrophe aux « proportions bibliques ». Plus de 20 villes ont été isolées ou inondées sur une zone plus grande que la France et l'Allemagne réunies. La crise a été déclenchée par le printemps le plus humide qu'ait connu l'Australie. Au moins six fleuves du Queensland étaient en crue. Les inondations ont affecté environ 200 000 personnes, dont beaucoup ont dû être évacuées. La réparation des dégâts se chiffrerait en milliards de dollars australiens.

(Source : http://www.bbc.co.uk/news/world-asia-pacific-12102126)

6. Catastrophes majeures liées aux séismes à travers le monde

En Chine

- Un séisme de magnitude 8 en mai 2008 dans la province du Sichuan a dévasté une vaste zone du Sud-Ouest de la Chine, faisant au moins 87 000 morts ou disparus.
- Un séisme de magnitude 6,2 a secoué Golmud en août 2009, provoquant des glissements de terrain et l'effondrement d'environ 30 maisons.
- En avril 2010, au moins 589 personnes ont été tuées et plus de 10 000 ont été blessées après un tremblement de terre de magnitude 6,9 dans l'ouest de la Chine.

(Source : http://www.telegraph.co.uk/news/worldnews/asia/china/7588401/China-earthquake-kills-hundreds.html)

En Islande et dans d'autres pays

En avril 2010, un volcan a paralysé le trafic aérien pendant plusieurs jours en Europe, perturbant les déplacements de plus de 7 millions de personnes. D'autres volcans au Congo, en Équateur, au Guatemala, aux Philippines et en Indonésie ont conduit les gens à se précipiter pour se mettre en sécurité. Ceci s'est produit après que des inondations, des glissements de terrain et des tremblements de terre aient tué des centaines de personnes plus tôt dans l'année.

En Indonésie

En octobre 2010, l'Indonésie a connu en 24 heures une triple catastrophe : un séisme mortel de magnitude 7,7, un tsunami qui a tué plus de 500 personnes et un volcan qui a causé la fuite de plus de 390 000 personnes.

(Source : http://seattletimes.nwsource.com/html/businesstechnology/2013716921_apyescidisastrousyear.html)

Autour du monde

Début janvier 2010, trois tremblements de terre ont frappé les **Îles Salomon**, suivis quelques semaines plus tard par un séisme de magnitude 7,0 qui a rasé une partie d'**Haïti**, laissant plus d'un million de personnes sans-abri, tuant plus de 230 000 personnes et blessant 300 000 autres. La **Corée** et le **Japon** ont également été secoués. Puis le **Chili** a été frappé par un tremblement de terre de 8,8 – un des plus forts jamais mesurés. D'autres évènements sismiques ont suivi au **Japon,** au **Mexique,** à **Sumatra** et plus récemment dans l'ouest de la **Chine**. Au mois d'avril 2010, le nombre total de décès liés à ces catastrophes naturelles a atteint presque 250 000.

(Source : http://www.businessweek.com/news/2010-04-15/killer-quakes-on-rise-with-cities-on-fault-lines-roger-bilham.html)

7. Pénurie alimentaire mondiale

Les conditions météorologiques imprévisibles menacent la stabilité des approvisionnements alimentaires :

Le mardi 7 septembre 2010, l'Institut International de Gestion de l'Eau (IWMI) au Sri Lanka a présenté un rapport lors d'une réunion internationale de scientifiques organisée dans le cadre de la Semaine mondiale de l'eau à Stockholm, en Suède. Alertant sur le fait que le changement climatique se traduisait par une irrégularité accrue des précipitations, le rapport indique que la périodicité irrégulière et les quantités variables de pluie ont des effets notables croissants sur la sécurité alimentaire et la croissance économique.

Cela est dû en partie au fait qu'environ 66 % des cultures en Asie ne sont alimentées que par la pluie – et non par l'irrigation ; en Afrique, ce taux s'élève à 94 %. Soulignant ces exemples récents de conditions extrêmement sèches menant aux incendies dévastateurs de cet été en Russie et aux inondations catastrophiques du Pakistan, le chef du Centre de l'Inde pour la science et l'environnement (CSE) Sunita Narain, a déclaré : « Nous arrivons à un point où nous recevons plus d'eau, plus de jours de pluie, mais c'est plus variable, donc cela conduit à la sécheresse et à des inondations. »

(Source : http://www.france24.com/en/20100907 erratic-global-weather-threatens-food-security)

8. Réchauffement climatique : un guide degré par degré

Si le réchauffement se poursuit au rythme actuel, nous pourrions être en voie d'extinction. Alors, que va-t-il se passer exactement au fur et à mesure que la Terre se réchauffe ? Voici un guide degré par degré, extrait de *Six degrés : que va-t-il se passer*, de Mark Lynas, publié dans le *National Geographic* du 22 janvier 2008 (Lynas M, 2007)

Augmentation de 1°C

La mer sans glace absorbe plus de chaleur et accélère le réchauffement climatique ; l'eau douce a perdu un tiers de la surface de la planète ; les basses côtes sont inondées.

Chance d'éviter un réchauffement planétaire de 1°C : nulle.

Augmentation de 2°C

Des Européens meurent de coups de chaleur ; des forêts sont ravagées par le feu ; des plantes stressées commencent à émettre du carbone plutôt qu'à en absorber ; un tiers de toutes les espèces sont menacées d'extinction.

Chance d'éviter un réchauffement planétaire de 2°C : 93 %, mais seulement si les émissions de gaz à effet de serre sont réduites de 60 % au cours des 10 prochaines années.

Augmentation de 3°C

La libération du carbone par la végétation et les sols accélère le réchauffement de la planète ; la forêt amazonienne meurt ; des super-ouragans frappent les villes côtières ; la famine sévit en Afrique.
Chance d'éviter un réchauffement planétaire de 3°C : faible, si l'augmentation atteint 2°C et déclenche des rétroactions du cycle du carbone par les sols et les plantes.

Augmentation de 4°C

L'emballement du dégel du pergélisol rend inéluctable le réchauffement de la planète ; une grande partie de la Grande-Bretagne devient inhabitable du fait de graves inondations ; la région méditerranéenne est abandonnée.
Chance d'éviter un réchauffement planétaire de 4°C : faible, si la hausse atteint 3°C et déclenche un emballement du dégel du pergélisol.

Augmentation de 5°C

Le méthane du fond de l'océan accélère le réchauffement climatique ; la glace des deux pôles a disparu ; l'homme migre à la recherche de nourriture et tente en vain, comme les animaux, de vivre de la terre.
Chance d'éviter un réchauffement planétaire de 5°C : négligeable, si la hausse atteint 4°C et libère le méthane piégé dans les fonds marins.

Augmentation de 6°C

La vie sur Terre se termine par des tempêtes apocalyptiques, des crues éclair, des boules de feu d'hydrogène sulfuré et de méthane traversent le monde avec la puissance des bombes atomiques ; seuls des champignons survivent.
Chance d'éviter un réchauffement planétaire de 6°C : nulle, si la hausse dépasse 5°C, mettant hors de contrôle toutes les rétroactions.

9. La pollution par les déchets de l'élevage

Aux États-Unis

- Environ 13 % des puits d'eau potable domestique dans le Midwest contiennent des concentrations dangereuses de nitrates provenant des engrais et des déversements ou fuites de bassins à déjections.
- En 2001, l'EPA a obligé cinq porcheries à fournir de l'eau embouteillée à la population locale parce que les activités dans les fermes avaient contaminé l'eau potable locale.
- Une étude de 1997 a révélé que 82 % des exploitations d'élevage d'animaux produisaient de l'azote au-delà de la capacité des terres et que 64 % des exploitations avicoles produisaient du phosphore en excès.
- Un rapport de 2008 de la Fondation Chesapeake Bay a identifié le fumier de poulet comme la principale cause de pollution dans la baie.

(Source : http://www.humanesociety.org/assets/pdfs/farm/gve.pdf)

10. La Qualité Noble (QN) des animaux et des humains

« Par la méditation, j'ai découvert que la Qualité Noble (QN) de différentes espèces pouvait être mesurée en pourcentage pour montrer combien ils incarnent les qualités de compassion et d'altruisme.

Les chiens et les cochons, par exemple, ont chacun une QN impressionnante de 30 %. Les vaches ont une QN de 40 %. En revanche, les animaux qui ont des tendances plus violentes ou qui mangent de la chair ont moins de QN. Les lions, par exemple, ont une QN de 3 % et les tigres de 4 %.

Quant aux humains, certains d'entre nous ont une QN de 10 %, beaucoup d'entre nous ont seulement 3 % de Qualité Noble. Les êtres humains peuvent apprendre de ces exemples de Qualité Noble chez nos cohabitants. » – Le Maître Suprême Ching Hai

La Qualité Aimante (QA) des animaux et des humains

« C'est la qualité d'amour inconditionnel, au-delà de l'amour entre mari et femme, mère et fils, l'amour que nous avons pour tous les êtres. Nous sommes prêts à sacrifier et à aider, que ce soit notre bienfaiteur, un étranger ou un ennemi. » – Le Maître Suprême Ching Hai.

Voici les pourcentages de Qualité Aimante (QA) de certains animaux représentatifs et des êtres humains que le Maître Suprême Ching Hai a partagés grâce à sa connaissance céleste :

- **Animaux domestiques :** de 80 à 300 %

Chien	110 %	Cochon	120 %
Poulet	90 %	Buffle	110 %
Cheval	180 %		

- **Animaux sauvages :** de 20 à 300 %

Singe sauvage	100 %	Ours	110 %
Éléphant	100 %	Baleine	300 %
Vache	300 %	Dauphin	110 %
Tigre	20 %	Lion	21 %

- **Humains :** 20 % en moyenne
  Le plus haut sur cette planète : 90 %
  Le plus bas sur cette planète : 5 %
  Saints / sages : des milliers de % et ils ne sont pas humains !

« La QN et la QA sont importantes tandis que le QI peut ne pas l'être ! Nous devrions cultiver cette QA. Les humains devraient s'introspecter sur la façon dont nous dépensons notre temps précieux (et court) sur cette planète. » – Le Maître Suprême Ching Hai

NOTES

Chapitre 1

1. Supreme Master TV, « Annonces de service public sur le changement climatique : Ce que disent les personnalités », SupremeMasterTV.com/bbs/tb.php/sos_video/17.
2. L'étude des Nations Unies mentionnée ici est celle de Henning Steinfeld et al. *L'ombre portée de l'élevage, enjeux environnementaux et options.* Organisation des Nations Unies pour l'alimentation et l'agriculture, 2006.
3. Robert Goodland et Jeff Anhang ont constaté que « l'élevage contribue pour 32 564 000 tonnes de GES par année, ce qui équivaut à 51 % des émissions mondiales de GES. » Voir leur article, « Livestock and Climate Change », *World Watch Magazine*, (novembre / décembre 2009), 10-19. http://www.worldwatch.org/node/6294.
4. Ibid, 11.
5. Lorsque les céréales servent à nourrir les animaux plutôt que les humains, 90 % de l'énergie des céréales est perdue.
6. Supreme Master TV, « Annonces de service public sur le changement climatique »
7. Lucas Reijnders et Sam Soret, « Quantification of the Environmental Impact of Different Dietary Protein Choices », *The American Journal of Clinical Nutrition*, Vol. 78, n°3 (sept. 2003), 664S-668S. http://www.ajcn.org/content/78/3/664S.full.
8. Programme Alimentaire Mondial, « Hunger Stats » http://www.wfp.org/hunger/stats.
9. PNUE, *Impacts environnementaux de la consommation et de la production.* Juin 2010. http://www.unep.fr/scp/publications/details.asp?id=DTI/1262/PA.
10. Goodland et Anhang, « Livestock and Climate Change », 15.
11. L'estimation de 40 000 milliards de dollars de coûts de changement climatique d'ici 2050 est basée sur le modèle présenté dans le rapport Stern. Pour les avantages du régime végétalien pris en compte dans cette estimation, voir Elke Stehfest et al, « Climate benefits of changing diet ». Agence d'évaluation environnementale des Pays-Bas. Disponible en ligne sur http://www.pbl.nl/en/publications/2009/Climate-benefits-of-changing-diet.html.
12. Cette étude du Stockholm International Water Institute (SIWI) et de l'International Water Management Institute (IWMI) « Saving Water from Field to Fork » (mai 2008) a révélé que 70 % de l'eau potable sert à nourrir le bétail. www.siwi.org/documents/resources/Policy_Briefs/PB_from_Field_to_Fork_2008.pdf. Le Center for International Forestry Research (Indonésie) déclare que 60-70 % de la déforestation en Amazonie au Brésil résulte des ranchs de bétail. Voir Center for International Forestry Research, « The Impact of the Growing Demand for Beef on the Amazon

Rainforest in Brazil », 2 avril 2004, http://www.mongabay.com/external/brazil_beef_amazon.htm. Voir aussi Cees de Haan et al., « *Livestock and the Environment : Finding a Balance,* », chapitre 2. http://www.fao.org/ag/againfo/programmes/en/lead/toolbox/FAO/Main1/index.htm.

13. Dans un article publié dans *The Guardian* du 15 avril 2008, le chroniqueur George Monbiot cite les statistiques de la FAO et déclare : « Alors que 100 millions de tonnes de vivres seront détournées cette année pour alimenter les voitures, 760 millions de tonnes seront arrachées de la bouche de l'homme pour nourrir les animaux. Cela pourrait couvrir 14 fois le déficit alimentaire dans le monde. Si vous vous souciez de la faim, mangez moins de viande. » http://www.guardian.co.uk/commentisfree/2008/apr/15/food.biofuels?INTCMP=SRCH.
14. Il s'agit d'une estimation du Maître Suprême Ching Hai, sur la base de données présentées dans des études scientifiques récentes. Par exemple, le rapport Stern estime que d'ici 2050, le coût d'adaptation au changement climatique se situerait entre 10 000 et 40 000 milliards de dollars par an. Voir Nicolas Stern et al., Le rapport Stern sur l'économie du changement climatique, HM Treasury, 2006. En février 2009, l'Agence d'évaluation environnementale des Pays-Bas a publié un rapport contenant des recommandations pour des politiques néerlandaises et internationales sur la durabilité environnementale. Le rapport concluait que 70 % des coûts d'atténuation du changement climatique pourraient être économisés grâce à l'adoption mondiale d'une alimentation sans viande ; et une transition mondiale vers une alimentation entièrement végétalienne – sans produits animaux – permettrait d'économiser 80 %. « La valeur actuelle nette globale des coûts d'atténuation sur la période 2000-2050 dans les scénarios NoRM (sans viande de ruminants) et NoM (sans aucune viande) est réduite de 70 % par rapport au scénario de référence (0,3 % du PIB, et non 1 %), et même plus que 80 % dans le scénario NoAP (sans aucun produit animal) (tableau 6) » (page 14). En outre, « Dans la variante 'Alimentation Saine', par exemple, les émissions cumulées sont réduites d'environ 20 %, tandis que les coûts sont réduits de plus de 50 % » (soit 20 000 milliards de dollars) (page 15). En utilisant les valeurs du rapport Stern, les économies potentielles projetées sont comprises entre 28 000 et 32 000 milliards de dollars.
15. Ibid.

Chapitre 2

16. Le scientifique du climat de la NASA Jay Zwally décrit l'urgence de la situation comme suit : « L'océan Arctique pourrait être à peu près sans glace à la fin de l'été 2012, beaucoup plus rapidement que les prédictions précédentes. » Voir « Arctic Ice 'could be gone in five years'.» *The Telegraph*, 12 décembre 2007. http://www.telegraph.co.uk/earth/earthnews/3318239/Arctic-ice-could-be-gone-in-five-years.html.
17. Les scientifiques du Centre de données sur la neige et la glace ont constaté qu'en 2009, la glace de plus de deux ans représentait moins de 10 % de la couverture de glace à la fin de février. Voir « Arctic sea ice younger, thinner as melt season begins », dans *Arctic Ice News and Analysis*, 6 avril 2009, http://nsidc.org/arcticseaicenews/2009/040609.html.
18. Le directeur du Centre de données sur la neige et la glace, le Dr Mark Serreze, déclare : « Nous pourrions très bien être sur cette pente rapide en termes de franchissement

de point de bascule. C'est maintenant en train de basculer. Nous le voyons se produire en ce moment », cité dans R. Black, « Arctic Ice is at a tipping point ». BBC News, 28 août 2008, http://news.bbc.co.uk/2/hi/7585645.stm Le Centre de données sur la neige et la glace note également : « La banquise arctique atteint généralement son minimum annuel de mesure à la mi-septembre. Ce mois d'août [2010], l'étendue des glaces a été la deuxième plus faible dans les enregistrements par satellite, après 2007. Le 3 septembre [2010], l'étendue de la glace a diminué en dessous du minimum saisonnier pour l'année 2009, pour devenir le troisième plus bas dans les enregistrements par satellite. Le Passage du Nord-Ouest et la route maritime du Nord sont en grande partie sans glace, ce qui offre un potentiel pour une circumnavigation de l'océan Arctique ». Voir « Updated minimum Arctic sea ice extent », 27 septembre 2010, http://nsidc.org/arcticseaicenews/2010/092710.html.

19. Jonathan L. Bamber, « Reassessment of the Potential Sea-Level Rise from a Collapse of the West Antarctic Ice Sheet». *Science* du 15 mai 2009, 324:901-903 [DOI : 10.1126/science.1169335] (articles de recherche). Résumé en ligne sur http://www.sciencemag.org/content/324/5929/901.short.
20. US Geological Survey, « The Water Cycle : Water Storage in Ice and Snow ». Disponible en ligne sur http://ga.water.usgs.gov/edu/watercycleice.html.
21. Organisation Internationale pour les Migrations, « Migration, Climate Change, and Environmental Degradation : A Complex Nexus ». Disponible en ligne sur http://www.iom.int/jahia/Jahia/complex-nexus.
22. Lors de la 3e Conférence des Parties de la CCNUCC à Kyoto, au Japon, H.E. Maumoon Abdul Gayoom des Maldives a appelé les dirigeants du monde à lutter contre le changement climatique comme suit : « Les Maldives sont l'un des petits pays. Nous ne sommes pas en mesure de changer le cours des événements dans le monde. Mais ce que vous faites ou ne faites pas ici aura une grande influence sur le sort de mon peuple. Cela peut aussi changer le cours de l'histoire du monde. »
23. « Methane Bubbling From Arctic Lakes, Now And At End Of Last Ice Age » *Science Daily*, 26 octobre 2007, http://www.sciencedaily.com/releases/2007/10/071025174618.htm. Voir également « Scientists Find Increased Methane Levels in Arctic Ocean », *Science Daily*, 18 décembre 2008, http://www.sciencedaily.com/releases/2008/12/081217203407.htm. Dans plusieurs rapports récents, des scientifiques ont documenté la libération importante de méthane à partir des fonds marins près de la Sibérie orientale, de la Russie et du Spitzberg. Voir, par exemple, Judith Burns, « Methane seeps from Arctic sea-bed », BBC News, 19 août 2009, http://news.bbc.co.uk/2/hi/8205864.stm, et Steve Connor, « Exclusive : The Methane Time Bomb », *The Independent*, 23 septembre 2009, http://www.independent.co.uk/environment/climate-change/exclusive-the-methane-timebomb-938932.html.
24. Voir John Atcheson, « Ticking Time Bomb », *Baltimore Sun*, 15 décembre 2004, http://www.commondreams.org/views04/1215-24.htm.
25. Le Dr Gregory Ryskin de l'Université Northwestern a expliqué à propos de ses recherches qu'il y a 250 millions d'années, des explosions de méthane provenant de l'océan avaient causé l'extinction de 90 % des espèces marines et de 75 % des espèces terrestres, ajoutant : « Si cela est arrivé une fois, cela pourrait se reproduire. » http://pangea.stanford.edu/research/Oceans/GES205/methaneGeology.pdf.

26. Par exemple, dans une interview diffusée sur Supreme Master Television, le Dr Jagdish Bahadur, glaciologue indien, a discuté de la relation entre la fonte des glaciers et les catastrophes comme les inondations et les sécheresses, en disant : « En général, les glaciers de l'Himalaya reculent comme partout ailleurs sur la planète à cause du réchauffement mondial. La fonte continue des glaciers au rythme actuel se traduira par des inondations massives. Lorsque les glaciers reculent, ils libèrent immédiatement plus d'eau, puis de graves sécheresses s'en suivent. » Supreme Master TV, « Les glaciers de l'Himalaya disparaissent », 25 mars 2009. http://suprememastertv.com/bbs/board.php?bo_table=sos_video&wr_id=83&goto_url.
27. Agence de protection de l'environnement des États-Unis, « Climate Change-Health and Environmental Effect : Extreme Events », http://www.epa.gov/climatechange/effects/extreme.html.
28. Anne Minard, « No More Glaciers in Glacier National Park by 2020? », *National Geographic News*, 2 mars 2009, http://news.nationalgeographic.com/news/2009/03/090302-glaciers-melting.html.
29. Communiqué de presse de l'Université du Colorado à Boulder, « Western Water Supplies Threatened by Climate Change : Warming climate could deplete reservoir storage in the Colorado River Basin by mid-century », juillet 2009, http://geology.com/press-release/colorado-river-water-supply.
30. « Loss of Andes Glaciers Threatens Water Supply », *Tehran Times*, 28 novembre 2007, http://www.tehrantimes.com/index_View.asp?code=158041.
31. Commission Pew Oceans, *America's Living Oceans : Charting a Course for Sea Change: a Report to the Nation*, 2003. Disponible en ligne sur http://www.pewtrusts.org/our_work_report_detail.aspx?id=30009.
32. Robert J. Diaz et Rutger Rosenberg, « Spreading Dead Zones and Consequences for Marine Ecosystems », *Science*, vol. 321. n°5891 (2008) : 926 à 929. http://www.precaution.org/lib/marine_dead_zones_growing.080815.pdf.
33. « Big Fish Stocks Fall 90 Percent Since 1950, Study Says », *National Geographic News*, 15 mai 2003, http://news.nationalgeographic.com/news/2003/05/0515_030515_fishdecline.html.
34. « Oceans' Fish Could Disappear by 2050 », *Discovery News*, 17 mai 2010, http://news.discovery.com/earth/oceans-fish-fishing-industry.html.
35. Robert McClure, « Dead Orca is a 'Red Alert' », *Seattle Post Intelligencer*, 7 mai 2002, http://www.seattlepi.com/local/69418_whale07.shtml.
36. Par exemple, les feux de brousse du Samedi noir qui ont brûlé dans l'État australien de Victoria le samedi 7 février 2009 ont provoqué les plus grandes pertes de vie du pays à cause de ce phénomène. 173 personnes sont décédées suite aux incendies et 414 ont été blessées.
37. Banque mondiale, « Republic of Peru Environmental Sustainability : A Key to Poverty Reduction in Peru », 1er juin 2007. http://siteresources.worldbank.org/INTPERUINSPANISH/Resources/PERU_CEA_Full_Report_eng.pdf. Voir aussi Banque mondiale, « Climate Change Aspects in Agriculture : Peru Country Note », janvier 2009, p. 3, http://siteresources.worldbank.org/INTLAC/Resources/257803-1235077152356/Country_Note_Peru.pdf.

38. « Children Die in Harsh Peru Winter », BBC News, 12 juillet 2009, http://globalfreeze.wordpress.com/category/south-america.
39. Agence de protection de l'environnement des États-Unis, « Climate Change – Health and Environmental Effects : Extreme Events », http://www.epa.gov/climatechange/effects/extreme.html.
40. « Thirty-Eight Percent of World's Surface in Danger of Desertification », *Science Daily*, 10 février 2010, http://www.sciencedaily.com/releases/2010/02/100209183133.htm.
41. « Drought causes water shortage for five-million people in China », *Earth Times*, 23 août 2009, http://www.earthtimes.org/articles/news/282501,drought-causes-water-shortage-for-5-million-people-in-china.html.
42. « Australia Wildfire Death Toll Reaches 200 », CBC News, 17 février 2009, http://www.cbc.ca/world/story/2009/02/17/australia-wildfires.html.
43. « What is Deforestation? » Plans de leçons de Lisa M. Algee, doctorante en éducation environnementale à l'Université de Californie à Santa Cruz, http://kids.mongabay.com/lesson_plans/lisa_algee/deforestation.html.
44. Fondation World Wildlife, « Deforestation », http://wwf.panda.org/about_our_earth/about_forests/deforestation.
45. Yacov Tsur et al. « Pricing Irrigation Water : Principles and Cases from Developing Countries, Washington : Resource for the Future », 2004, 220.
46. « Argentina has lost nearly 70 % of its forests in a century », France 24, 1er octobre 2009, http://www.france24.com/en/20090926-argentina-lost-major-part-forests-century-soy-crops-environment.
47. Rhett A. Butler, « 98 % of Orangutan Habitat Gone in the next 15 Years », Mongabay.com, 11 juin 2007, http://news.mongabay.com/2007/0611-indonesia.html. Voir aussi PNUE, *The Last Stand of the Orangutan*, disponible en ligne sur http://www.unep.org/grasp/docs/2007Jan-LastStand-of-Orangutan-report.pdf.
48. Les scientifiques Drew Shindell et Greg Faluvegi de l'Institut Goddard des Études spatiales de la NASA et de l'Université de Columbia ont montré que le noir de carbone était le troisième plus important agent de réchauffement après le méthane et le CO_2, et est responsable de 50 % de la fonte de l'Arctique. Voir Drew Shindell et Greg Faluvegi, « Climate response to regional radiative forcing during the twentieth century ». *Nature Geoscience 2* (avril 2009), 294-300. Résumé en ligne sur http://www.nature.com/ngeo/journal/v2/n4/abs/ngeo473.html. De même, Noel Keenlyside, chercheur en climatologie à l'Institut Leibniz des sciences marines en Allemagne souligne, « Dans les zones de l'Antarctique et de l'Arctique, le dépôt de noir de carbone sur la neige et la glace fait que les surfaces absorbent plus de chaleur du soleil. » Noel Keenlyside, « Atmospheric science: Clean air policy and Arctic warming », *Nature Geoscience 2*, (2009) : 243-244. Résumé en ligne sur www.nature.com/ngeo/journal/v2/n4/full/ngeo486.html.
49. Julia Whitty, « Animal Extinction : A Great Threat to Mankind. » *The Independent*, 30 avril 2007. http://www.independent.co.uk/environment/animal-extinction--the-greatest-threat-to-mankind-397939.html.
50. GIEC (Groupe intergouvernemental d'experts sur l'évolution du climat). *Quatrième rapport d'évaluation : Changements dans les constituants de l'atmosphère et du forçage radiatif*, 2007, 212. Disponible en ligne sur http://www.ipcc.ch/pdf/assessment-report/ar4/wg1/ar4-wg1-chapter2.pdf.

51. Pour plus de détails, voir l'étude du Global Humanitarian Forum, « Climate Change The Human Impact Report : The Anatomy of a Silent Crisis ». Disponible sur http://www.eird.org/publicaciones/humanimpactreport.pdf.
52. Kevin Watkins et al., *Rapport sur le développement humain 2006, Au-delà de la pénurie : pouvoir, pauvreté et crise mondiale de l'eau*, Programme des Nations Unies pour le développement, 2006, 20, 23. http://hdr.undp.org/en/reports/global/hdr2006.
53. FAO, « 1,02 milliard d'êtres humains souffrent de la faim, Un sixième de l'humanité victime de sous-alimentation – triste record », Espace Presse de la FAO, 19 juin 2009. http://www.fao.org/news/story/0/item/20568/icode/fr.
54. Megan Rowling, « Climate Change Causes 315,000 deaths a year-report ». Reuters, 29 mai 2009, http://www.reuters.com/article/idUSLS1002309.
55. Ibid.
56. « Peru Health Ministry Warns of possible dengue fever in Lima, insists on prevention », *Andean Air Mail* et *Peruvian Times*, 2 mars 2009, http://www.peruviantimes.com/peru-health-ministry-warns-of-possible-dengue-fever-in-lima-insists-on-prevention/021936.
57. Il est largement admis que les inondations et les sécheresses accrues par le réchauffement planétaire sont responsables de la propagation d'épidémies dans les zones mal préparées à faire face à des maladies. Par exemple, un récent reportage du *Washington Post* affirme « Le paludisme escalade les montagnes pour atteindre les populations dans des altitudes plus élevées en Afrique et en Amérique latine. Le choléra se développe dans les mers les plus chaudes. La dengue et la maladie de Lyme se déplacent vers le nord. Le virus du Nil occidental, qui n'avait jamais été vu sur ce continent jusqu'à il y a sept ans, a infecté plus de 21 000 personnes aux États-Unis et au Canada, et en a tué plus de 800 autres. L'Organisation mondiale de la Santé a identifié plus de 30 maladies nouvelles ou récurrentes au cours des trois dernières décennies ; certains experts disent qu'il s'agit là d'une sorte d'explosion qui ne s'était pas produite depuis la révolution industrielle qui a rassemblé des masses de gens dans les villes. » Voir Struck, Doug, « Climate Change Drives Disease to New Territory », *The Washington Post*, 5 mai 2006, http://www.washingtonpost.com/wp-dyn/content/article/2006/05/04/AR2006050401931.html. Voir aussi Alyshah Hasham, « Climate change spreads infectious diseases worldwide", International News Services, http://www.internationalnewsservices.com/articles/1-latest-news/17833-climate-changespreads-infectious-diseases-worldwide.
58. « Scientists : 'Arctic is Screaming' : Global Warming May Have Passed Tipping Point », Fox News, 12 décembre 2007. Disponible en ligne sur http://www.foxnews.com/story/0,2933,316501,00.html.
59. De la FAO, « Livestock a major threat to environment : Remedies urgently needed. » Espace Presse de la FAO, 29 novembre 2006. Disponible en ligne sur http://www.fao.org/newsroom/en/news/2006/1000448/index.html.
60. De Peter Fricker, « Care about the environment? Eat less meat », *The Global and Mail*, 23 janvier 2008. Disponible en ligne sur http://www.theglobeandmail.com/news/world/article661961.ece.
61. Jerry Mayer et John P. Holms eds, *Bite-size Einstein : Quotations on Just About*

Everything From the Greatest Mind of the Twentieth Century. St. Martin's Press, New York, 1996, p. 10.

Chapitre 3

62. GIEC, *Quatrième rapport d'évaluation*, 212.
63. Kirk Smith, « Methane Controls Before Risky Geo-engineering, Please," *New Scientist* 2714 (25 juin 2009). http://www.goodplanet.info/eng/Contenu/Pointsde-vues/Methane-controls-before-risky-geoengineering-please/(theme)/268.
64. Goodland et Anhang, « Livestock and Climate Change ».
65. William Collins, professeur de Science de la Terre et de la Planète, Université de Californie, Berkeley, États-Unis, a déjà souligné les brusques changements climatiques que le méthane peut induire : « Les molécules de méthane enfermées dans des cages de glace d'eau sont sous une forme si concentrée que lorsque la glace fond, elles grossissent de 164 fois par rapport à leur volume congelé et sont 72 fois plus puissantes que le dioxyde de carbone en tant que GES. » Voir Peter Preuss, « Impacts : On the Threshold of Abrupt Climate Change. » *Berkeley Lab News Letter*, 17 septembre 2008, http://newscenter.lbl.gov/feature-stories/2008/09/17/impacts-on-the-threshold-of-abrupt-climate-changes/#hide2008.
66. Pour plus de détails sur la libération du méthane de la mer, voir Cornelia Dean, « Study Says Undersea Release of Methane Is Under Way », *The New York Times*, 4 mars 2010. http://www.nytimes.com/2010/03/05/science/earth/05methane.html, également Michael Fitzpatrick, « Methane release 'looks stronger' », BBC News, 6 janvier 2010, http://news.bbc.co.uk/2/hi/8437703.stm. A propos de la libération du méthane dans les lacs, Katey M. Walter et al., « Methane production and bubble emissions from arctic lakes : Isotopic implications for source pathways and ages », *Journal of Geophysical Research* 113, http://www.fs.fed.us/pnw/pubs/journals/pnw_2008_Walter001.pdf, et aussi Katey M. Walter et al., « Methane bubbling from Siberian thaw lakes as a positive feedback to climate warming », *Nature* (2006) 443. http://www.nature.com/nature/journal/v443/n7107/abs/nature05040.html.
67. Katey Walter, « Siberian Lakes Burp 'Time-Bomb' Greenhouse Gas. » *Science Daily*, 8 septembre 2006. http://www.sciencedaily.com/releases/2006/09/060908094051.htm.
68. Peter Ward, « Impact From the Deep », *Scientific American*, 18 septembre 2006, http://www.scientificamerican.com/article.cfm?id=impact-from-the-deep&sc=I100322, et également Supreme Master Television, « Apprendre du passé : extinctions de masse et réchauffement climatique avec le Dr Peter Ward », 23 septembre 2009, http://suprememastertv.com/pe/?wr_id=87&page=4&page=4#v. Et aussi L.R. Kump, A. Pavlov et M. A. Arthur, « Massive release of hydrogen sulfide to the surface ocean and atmosphere during intervals of oceanic anoxia ». *Geology* v. 33 (2005), 397–400.
69. Les scientifiques ont constaté que « l'industrie de l'élevage [incluant la viande, les œufs et les produits laitiers] est responsable de 65 % des émissions mondiales de protoxyde d'azote d'origine humaine ». Voir Steinfeld et al., *L'ombre portée de l'élevage*, 114.
70. Un certain nombre d'études ont abordé cette question, en particulier celles du professeur Heitor Evangelista et ses collègues de l'Université de l'État de Janeiro au Brésil,

du professeur Mark Jackson de l'Université de Californie à Berkeley, de Greenpeace et des Amis de la Terre. Voir les bulletins de nouvelles de Lauren Morello, « Cutting Soot Emissions May Slow Climate Change in the Arctic », *Scientific American*, 2 août 2010. http://www.scientificamerican.com/article.cfm?id=cutting-soot-emissions-may-slow-climate-change-in-the-arctic, ainsi que de Randy Boswell, « Soot is Second Leading Cause of Climate Change : Study », Ottawa Citizen, 1er août 2010. http://www.ottawacitizen.com/technology/Soot+second+leading+cause+climate+change+study/3349011/story.html?cid=megadrop_story#ixzz0vekfEf8s.

71. Voir « Une interview avec le Dr Kirk Smith, professeur de santé environnementale mondiale à l'UC Berkeley », Supreme Master TV, 1er juillet 2008. SupremeMasterTV.com/bbs/tb.php/sos_video/21.
72. Monica Bruckner, « The Gulf of Mexico Dead Zone », http://serc.carleton.edu/microbelife/topics/deadzone.
73. SIWI et IWMI, « Saving Water from Field to Fork. » Voir aussi le Conseil de Défense des Ressources Naturelles, « Facts about Pollution from Livestock Farms », http://www.nrdc.org/water/pollution/ffarms.asp.
74. Robert J. Diaz et Rutger Rosenberg, « Spreading Dead Zones and Consequences for Marine Ecosystems. »
75. Le Dr Andrew Bakun et sa collègue, le Dr Scarla Weeks de l'Université du Cap en Afrique du Sud, ont constaté que la surpêche de sardines au large de la côte sud-ouest de l'Afrique a pu avoir été un facteur des éruptions de deux gaz toxiques – l'hydrogène sulfuré et le méthane – depuis le fond de l'océan Atlantique. Le sulfure d'hydrogène provoque une horrible odeur d'œuf pourri qui a longtemps accablé (et interrogé) les habitants des communautés locales en Namibie, tout en causant l'empoisonnement des poissons et générant des zones mortes pauvre en oxygène dans l'eau. Voir Andrew Bakun et Scarla J. Weeks, « Greenhouse gasbuildup, sardines, submarine eruptions and the possibility of abrupt degradation of intense marine upwelling ecosystems », *Ecology Letters* (2004) vol. 7, numéro 11, 1015–1023. http://woldlab.caltech.edu/~tristan/silence/bakun_2004_eco_letters.pdf. http://www.oceanconservationscience.org/press/press-article_archive.php?ID=89.
76. De Thomas Lane, « UN Official Warns on Fisheries Losses », BBC News, 21 mai 2010, http://www.bbc.co.uk/news/10128900.
77. David Pimentel, écologiste et professeur émérite à l'Université Cornell, aux États-Unis, met en garde : « Avec 87 % de l'eau totale utilisée pour la production animale, les États-Unis connaîtront bientôt un stress hydrique. » Pimentel, « U.S. could feed 800-million people with grain that livestock eat, Cornell ecologist advises animal scientists », *Cornell Science News*, 7 août 1997, http://www.news.cornell.edu/releases/aug97/livestock.hrs.html.
78. Voir, par exemple, Anne Minard, « No More Glaciers in Glacier National Park by 2020? » *National Geographic News*, 2 mars 2009, http://news.nationalgeographic.com/news/2009/03/090302-glaciers-melting.html. Pour un rapport scientifique, voir R. D. Moore et al., « Glacier change in western North America : influences on hydrology, geomorphic hazards and water quality », *Hydrological Processes* 23 (2009), 42–61. DOI : 10.1002/hyp.7162. http://www.glaciers.pdx.edu/fountain/MyPapers/MooreEtAl2009_GlacierChangeWaterRunoff.pdf.

79. Une étude classique sur ce sujet est celle de Marcia Kreith, « Water Inputs in California Food Production », préparée pour la Fondation Water Education, Sacramento, Californie. 1991. http://www.sakia.org/cms/fileadmin/content/irrig/general/kreith_1991_water_inputs_in_ca_food_production-excerpt.pdf.
80. Marlow Vesterby et Kenneth S. Krupa, *Major Uses of Land in the United States*, 1997 (SB973), septembre 2001, http://www.ers.usda.gov/publications/sb973/sb973.pdf.
81. Voir la Convention des Nations Unies sur la lutte contre la désertification (CNULCD), « Ten Years on : UN marks World Day to Combat Desertification », 17 juin 2004, http://www.unccd.int/publicinfo/pressrel/showpressrel.php?pr=press01_06_04.
82. Yacov Tsur et al., *Pricing Irrigation Water: Principles and Cases from Developing Countries*, 220.
83. Juliet Gellatley et Tony Hardle, *The Silent Ark: A Chilling Exposé of Meat*. HarperCollins Publishers Ltd., 1996.
84. Harvey Blatt, *America's Food: What You don't Know about What You Eat*. Boston: MIT Press, 2008, 136.
85. De « La science et la solution au réchauffement climatique », Supreme Master Television, août 2008. SupremeMasterTV.com/bbs/tb.php/sos_video/16.
86. Selon les scientifiques du GIEC, la déforestation ou le défrichement des forêts contribue de 17,4 % à près d'un tiers des émissions mondiales de GES dans l'atmosphère. Voir GIEC, *Quatrième Rapport d'Évaluation, Rapport de synthèse*, section 2, p. 36 et *Rapport du Groupe de travail*, article 7, p. 527.
87. John Robbins, *Se nourrir sans faire souffrir,* extrait de http://whitt.ca/soapbox/vegetarian.html.
88. Julie Denslow et Christine Padoch, *People of the Tropical Rainforest*. Berkeley: University of California Press, 1988, 169.
89. Voir Greenpeace Grande-Bretagne, « The Congo Rainforest of Central Africa », http://www.greenpeace.org.uk/forests/congo.
90. Une étude réalisée par l'Institut Rodale, aux États Unis, indique « Même si le climat et le type de sol affectent les capacités de séquestration [du CO_2], ces efforts de recherche multiples vérifient que la pratique agricole biologique, si elle était appliquée sur les 1,4 milliards d'hectares cultivables de la planète, pourrait séquestrer près de 40 % des émissions actuelles. » Voir Timothy LaSalle and et Paul Hepperly, « Regenerative Organic Farming : A Solution to Global Warming » (2008), 2. Disponible en ligne sur http://www.rodaleinstitute.org/files/Rodale_Research_Paper-07_30_08.pdf.
91. Dans une interview avec Supreme Master Television, le professeur de sciences géophysiques à l'Université de Chicago le Dr David Archer affirme : « Il est très clair que lorsque vous cultivez des céréales, puis en nourrissez les animaux, puis mangez les animaux, vous perdez 90 % de l'énergie des céréales d'origine, et ainsi vous pouvez non seulement nourrir moins de gens avec l'agriculture que vous avez, mais ils ont découvert qu'il fallait aussi beaucoup plus d'énergie de combustibles fossiles pour y arriver. » Voir Supreme Master TV, « La science et la solution au changement climatique », http://suprememastertv.com/bbs/board.php?bo_table=sos_video&wr_id=16. En outre, Earth Save International a résumé le coût élevé de la production de viande comme suit : « 12 livres de céréales : Donne huit miches de pain ou deux plats de spaghetti. 5,1 m^2 de forêt tropicale : Pour chaque livre de bœuf de la forêt tropicale, environ 600 livres de précieuse matière vivante sont détruites, dont 20

à 30 espèces de plantes, plus de 100 espèces d'insectes et des dizaines de mammifères et de reptiles. 9 463 litres d'eau : ils pourraient être utilisés pour cultiver plus de 50 livres de fruits et légumes ».Voir Earth Save International, « The Hamburger Poster », http://www.earthsave.org/support/hamburgerSMALL.pdf.

92. John Robbins, *Se nourrir sans faire souffrir.* Tiburon : H. J. Kramer, 1987, 367.
93. Selon une étude de l'Union internationale pour la conservation de la nature, 30 % des mammifères de la planète, des oiseaux et des amphibiens sont actuellement menacés d'extinction en raison de l'action humaine. Voir *L'évaluation des écosystèmes pour le Millénaire*, 2005, http://maweb.org/en/Reports.aspx. Plus d'un million d'espèces seront perdues au cours des 50 prochaines années. En outre, parmi les 45 000 espèces suivies par l'UICN, 40 % étaient menacées d'extinction en 2008. Voir « La Liste Rouge de l'UICN révèle la crise d'extinction des mammifères », Communiqué de presse de l'UICN, 6 octobre 2008. http://www.iucn.org/search.cfm?1695/2/La-Liste-Rouge-de-lUICN-revele-la-crise-dextinction-des-mammiferes.
94. Aux États-Unis, le General Accounting Office a depuis longtemps établi que l'élevage mondial produit 130 fois plus de déchets que les humains. Les porcs génèrent 3 fois d'excréments que les humains, et les vaches 21 fois. Voir *Animal Agriculture Waste Management Practice*, 1999, http://www.gao.gov/archive/1999/rc99205.pdf.
95. F. Ackerman et E. A. Stanton, *Climate Change – the Costs of Inaction : Report to Friends of the Earth England, Wales and Northern Ireland*, 2006, http://www.foe.co.uk/resource/reports/econ_costs_cc.pdf. Voir également F. Ackerman, *Climate Change : The Costs of Inaction : Testimony presented to : United States Congress House Committee on Energy and Commerce*, 2009. http://www.e3network.org/opeds/Ackerman_testimony_April22.pdf.
96. De B. Barrett et A. Lim, « Japan to suffer huge climate costs. » *OurWorld 2.0* (Université des Nations Unies), 30 juin 2009. http://ourworld.unu.edu/en/japan-examines-costs-of-climate-change.
97. L'estimation de 40 000 milliards de dollars de coûts du changement climatique d'ici 2050 est basée sur le modèle fourni par le rapport Stern. Pour les avantages du régime végétalien selon cette estimation, voir Elke Stehfest et al., « Climate benefits of changing diet. » Agence d'évaluation environnementale des Pays-Bas, 2009. Disponible en ligne sur http://www.pbl.nl/en/publications/2009/Climate-benefits-of-changing-diet.html.
98. Voir « Heart Disease and Stroke Statistics 2010 Update: A Report From the American Heart Association », *Circulation*, 2010 ; 121 ; e46-e215 p. e206. http://circ.ahajournals.org/cgi/content/full/121/7/e46.
99. Voir l'étude du Center for Disease Control and Prevention, « Diabetes, Success and Opportunities for Population-Based Prevention and Control: At a Glance 2010 » http://www.cdc.gov/chronicdisease/resources/publications/aag/ddt.htm.Aussi, F.G. Jansman et al., « Cost considerations in the treatment of colorectal cancer », *Pharmacoeconomics*. N° 25 (2007), 537-562. Résumé disponible en ligne sur http://ideas.repec.org/a/wkh/phecon/v25y2007i7p537-562.html.
100. Ces passages sont extraits de l'interview du Maître Suprême Ching Hai avec le journaliste Ben Murnane le 7 juillet 2009. L'interview a été publiée dans l'édition du 12 juillet 2009 de l'*Irish Sunday Independent*, en Irlande, sous le titre « An Urgent Call to Save Our Planet. » Voir l'interview en vidéo : http://www.suprememastertv.

com/wow/?wr_id=365&page=9&page=9#v.

101. Foodwatch, *Organic : A Climate Saviour? The Foodwatch report on the greenhouse effect of conventional and organic farming in Germany.* Mai 2009. http://foodwatch.de/foodwatch/content/e6380/e24459/e24474/foodwatch_report_on_the_greenhouse_effect_of_farming_05_2009_ger.pdf.
102. Ibid.
103. Voir Gowri Koneswaran et Danielle Nierenberg, « Global Farm Animal Production and Global Warming : Impacting and Mitigating Climate Change » (section discussion), *Environmental Health Perspectives*, 116(5) (mai 2008) : 578–582, http://www.ncbi.nlm.nih.gov/pmc/articles/PMC2367646.
104. William Lambers, « 25,000 die of hunger each day », History News Network (Université George Mason), 7 octobre 2007, http://hnn.us/articles/27396.html.

Chapitre 4

105. Lors d'une conférence vidéo tenue en janvier 2008 à Los Angeles, aux États-Unis, le Maître Suprême Ching Hai a répondu à une question sur le message qu'elle donnerait aux dirigeants du monde. Ce paragraphe fait partie de sa réponse.
106. En septembre 2010, 94 pays avaient adopté des interdictions de fumer.
107. Worldwatch Institute. « Matters of Scale -The Price of Beef », *World Watch Magazine*, juil./août 1994. Disponible en ligne sur http://www.worldwatch.org/node/791.
108. Ces dernières années, les subventions agricoles sont restées élevées aux États-Unis, même durant les années de bénéfices quasi-record. Le gouvernement américain verse environ 20 à 25 milliards de dollars de subventions directes aux agriculteurs chaque année. Selon le Budget de l'exercice 2006 de l'USDA, les subventions aux céréales destinées aux animaux représentaient à elles seules plus de 35 % de ce total. Entre 2003 et 2004, les États-Unis ont dépensé 3,6 milliards de dollars chaque année en maïs et soja donnés aux animaux. Cela a rendu ces céréales fourragères disponibles au-dessous des coûts de production. Voir l'Institut de l'agriculture et de la politique commerciale, le commerce et le programme de gouvernance mondiale « Below-Cost Feed Crops: An Indirect Subsidy for Industrial Animal Factories », juin 2006, http://www.worc.org/userfiles/IATP%20cheap%20grain.pdf.
109. *Slaughterhouse : The Shocking Story of Greed, Neglect and Inhumane Treatment Inside the U.S. Meat Industry*, de Gail A. Eisnitz (Human Farming Association, 2006) montre qu'un hamburger peut être composé de viande issue de 100 vaches différentes, et qu'une vache infectée peut contaminer jusqu'à 16 tonnes de viande bovine.
110. La rédaction d'AlterNet.org, « The Seven Deadly Myths of Industrial Agriculture : Myth Three », 5 septembre 2002, http://www.alternet.org/story/13904.
111. En 2008, 11 jardins biologiques étaient déjà en activité dans le canton ; par exemple, voir Helen Kilbey, « South Africa, Cape Town Goes Organic », AllAfrica.com, 14 janvier 2008, http://www.regoverningmarkets.org/en/news/southern_africa/south_africa_cape_town_goes_organic.html. Voir également « From the Ground Up: Organic Gardening Fuels a Food Revolution », AllAfrica.com, 9 janvier 2008, http://allafrica.com/specials/organic_food_sa.

112. Un nouvel engrais importé de Tanzanie a aidé les agriculteurs du Kenya à réduire l'acidité du sol et à augmenter de 30 % les rendements par hectare de céréales, notamment le maïs. En Ouganda, la productivité agricole devrait augmenter suite à un engagement pris récemment par la Corée d'y construire une usine d'engrais biologiques. Voir Ministère de l'Agriculture, République du Kenya, « Farmers to Reap Maximum Benefits from Organic Fertilizer », http://www.kilimo.go.ke/index.php?option=com_content&view=article&catid=149%3Anews&id=266%3Afarmers-to-reap-maximum-benefits-from-organic-fertilizer&Itemid=46.
113. « Les aliments biologiques ont longtemps été considérés comme un marché de niche et un luxe pour les riches consommateurs. Des chercheurs au Danemark ont toutefois conclu qu'il n'y aurait pas d'effet négatif grave sur la sécurité alimentaire en Afrique sub-saharienne, si 50 % des terres agricoles dans les régions exportatrices de produits alimentaires de l'Europe et l'Amérique du Nord étaient converties à l'agriculture biologique d'ici 2020. » Voir « Researchers: Organic push won't hurt world food supply », *USA Today*, 5 mai 2007, ftp://ftp.fao.org/paia/organicag/OFS/press4.pdf.
114. Selon l'IFOAM (Fédération internationale des mouvements d'agriculture biologique), le marché mondial actuel des aliments et des boissons biologiques est estimé à environ 50 milliards de dollars, et a augmenté de 10 à 20 % par an entre 2000 et 2007. Ce sous-secteur fournit une occasion unique d'exportation pour de nombreux pays en développement, car 97 % de ses revenus sont générés dans les pays OCDE, tandis que 80 % de ses producteurs se trouvent dans les pays en développement d'Afrique, d'Asie et d'Amérique latine. Voir PNUE, « Organic Agriculture in Uganda » http://www.unep.org/greeneconomy/SuccessStories/OrganicAgricultureinUganda/tabid/4655/language/en-US/Default.aspx.
Voir aussi PNUE, « Environment-Led Green Revolution Key to Future Food Security in Africa », Communiqué de presse, 14 mai 2009, http://www.grida.no/news/press/3680.aspx.
115. Ivette Perfecto et al., « Organic Agriculture and the Global Food Supply », *Renewable Agriculture and Food Systems*, 22 (2007) : 86–108. http://agr.wa.gov/Foodanimal/Organic/Certificate/2008/NewsRelease/BadgleyResearchPaper.pdf.
116. « Organic farms best for wildlife », BBC News, 3 août 2005. http://news.bbc.co.uk/2/hi/uk_news/4740609.stm.
117. Voir Al Meyerhoff, « The loss of billions of bees raises questions about our pesticide controls », *Los Angeles Times*, 30 juillet 2008, http://beediary.wordpress.com/tag/ccd.
118. Timothy LaSalle, « Organic farming could stop global climate change », The Tree Hugger, 10 octobre 2010, http://www.treehugger.com/files/2009/10/organic-faming-could-stop-global-climate-change.php.
119. C. Benbrook, « Simplifying the Pesticide Risk Equation : The Organic Option », *State of Science Review* du Centre biologique, 8 mars 2008, http://www.organic-center.org/reportfiles/Organic_Option_Final_Ex_Summary.pdf.
120. FAO, *L'agriculture biologique face au défi de la sécurité alimentaire* (2007). ftp://ftp.fao.org/paia/organicag/ofs/OFS-2007-5.pdf.
121. Voir note 14.
122. Voir l'étude du Fonds international de développement agricole (FIDA) de l'ONU, « The Adoption of Organic Agriculture Among Small Farmers in Latin America and

the Caribbean », avril 2003, Rapport n°1337. http://www.ifad.org/evaluation/public_html/eksyst/doc/thematic/pl/organic.htm.

123. Voir note 14.
124. Voir John Robbins, *The Pig Farmer*, avril 2010, disponible en ligne sur http://www.johnrobbins.info/blog/the-pig-farmer. Voir aussi John Robbins, *The Food Revolution: How Your Diet Can Help Save Your Life and Our World.*
125. Voir le Parlement européen, « 2050 : L'avenir commence aujourd'hui – Recommandations pour la future politique communautaire intégrée en matière de changement climatique », 2 avril 2009, http://www.europarl.europa.eu/oeil/file.jsp?id=5626312&noticeType=null&language=fr.
126. Voir Jens Holms, « The EU Parliament calls meat a Climate Threats », 4 février 2009. http://jensholm.se/2009/02/04/the-eu-parliament-calls-meat-a-climate-threat.
127. Voir Chris Mason, « Belgian city plans `veggie` days », BBC News, 12 mai 2009, http://news.bbc.co.uk/2/hi/europe/8046970.stm.
128. Voir Candra Malik, « Prince Charles Gives $2.8b to preserve rainforest », 30 juillet 2009. http://thejakartaglobe.com/news/prince-charles-gives-28b-to-preserve-rainforests/321249.
129. Voir « Who's Up for a Low-Carb Diet? », Sustainable Development Commission (Irlande du Nord), 18 juin 2009, http://www.sd-commission.org.uk/news.php/246/ireland/whos-up-for-a-low-carb-diet.
130. Ibid.
131. Il s'agit de la brochure produite par la Direction de la gestion des Campagnes du DARD intitulée *Code of Good Agricultural Practice* (août 2008), qui contient des bonnes pratiques de gestion afin d'éviter de polluer l'eau, l'air et le sol. http://www.dardni.gov.uk/code_of_good_agricultural_practice_cogap_august_2008.pdf.
132. Voir la législature de l'État d'Hawaii, « Requesting the Board of Education to Develop a Policy to Include Vegetarian and Vegan Meal Options in All School Menu Plans » Rapport HCR59 HD1, proposé le 2 novembre 2009, http://www.capitol.hawaii.gov/session2009/Bills/HCR59_HD1_.HTM.
133. Voir le Plan vert de la ville de Cincinnati, 19 juillet 2008, 35, 209-211. Disponible en ligne sur http://www.cincinnati-oh.gov/cmgr/downloads/cmgr_pdf18280.pdf.
134. Jennifer Duck, « Bringing Home the Bacon, Vegan Style », ABC News, 4 mai 2007, http://abcnews.go.com/Politics/story?id=3139687&page=1, voir aussi « Dennis Kucinich Celebrates Vegan Earth Day With A Special VEGGIE Message », http://www.ecorazzi.com/2009/06/30/dennis-kucinich-celebrates-vegan-earth-day-with-a-special-veggie-message.

135 Voir Jason Tomassini, « Senator goes vegetarian for week », Gazette.Net, 29 avril 2009, http://www.gazette.net/stories/04292009/takonew183650_32520.shtml. Voir aussi Kailey Harless, « Raskin's Revolution », VegNews.com, 4 mai 2007, www.vegnews.com/web/articles/page.do?pageId=688&catId=1.

136. Lundi Sans Viande, « Baltimore Schools Go Meatless », http://www.meatlessmonday.com/baltimore-schools.
137. The San Francisco Vegetarian Society, « San Francisco is First U.S. City to Declare Mondays as 'Veg Day' », 7 avril 2010, http://www.vegsource.com/news/2010/04/san-francisco-is-first-us-city-to-declare-mondays-as-veg-day.html.

138. Voir le Centre d'information environnementale de Taiwan, « Million people sign up to resist Global Warming by adopting vegetarian diet » (en chinois), http://e-info.org.tw/node/33565.

Chapitre 5

139. Dans l'Enquête nationale sur le don, le bénévolat et la participation (ENDBP), Statistique Canada a interviewé 2 389 Canadiens âgés de 15 à 24 ans. Voir Susan Pedwell, « I want to make a difference », Canadian Living, http://www.canadianliving.com/life/community/i_want_to_make_a_difference.php.
140. Selon des recherches du Worldwatch Institute, l'industrie de l'élevage contribue pour 51 % des gaz à effet de serre produits sur Terre. Voir note 3.
141. Voir note 90.
142. Voir l'Association des producteurs de porcs de l'Iowa, « USDA to buy more pork », 11 novembre 2009, http://www.iowapork.org/Newsroom/NewsForProducers/USDAporkbuy/tabid/1504/Default.aspx. Voir aussi le *Capital Pork Report* du Conseil national des producteurs de porcs (NPPC) (novembre 2009), http://nppc.org/uploadedfiles/cprNOV-6.pdf.
143. Ibid.
144. D'autres suggestions pour des activités vertes sont disponibles sur le site Web de Supreme Master Television.
145. Voir, par exemple, les documentaires de Supreme Master TV, « Aucune eau requise ! Culture sèche en Âu Lạc (Vietnam) », gratuit en ligne sur http://www.suprememastertv.com/bbs/tb.php/pe/79, « Culture de fruits et légumes dans le sable – Une histoire en Âu Lạc (Vietnam) », SupremeMasterTV.com/bbs/tb.php/pe/72.
146. Le lien est SupremeMasterTV.com/sos-flyer.
147. Fondés le 7 mars 2008, les restaurants végétaliens Loving Hut étaient au nombre de 221 à travers le monde à la fin janvier 2011.

BIBLIOGRAPHIE DES INTERVENTIONS DU MAÎTRE SUPRÊME CHING HAI

Ce livre se compose d'extraits non abrégés de conférences du Maître Suprême Ching Hai prononcées en diverses occasions. En voici la liste complète.

1. *Gagner le Royaume de Dieu à travers l'illumination*, conférence publique dans le Massachusetts, États-Unis, 24 février 1991. SupremeMasterTV.com/bbs/tb.php/wow/451.
2. *L'écologisation de la planète*, conférence publique en Californie, États-Unis, 19 mai 1991. SupremeMasterTV.com/bbs/tb.php/bmd/346.
3. *Manger de la viande détruit des vies et nuit à la planète* (Partie 1), rencontre internationale à Hawaï, États-Unis, 3 septembre 1994. SupremeMasterTV.com/bbs/tb.php/bmd/554.
4. *Vivre une vie de conscience et d'amour* (Partie 3), rencontre internationale au Cambodge, 11 mai 1996. SupremeMasterTV.com/bbs/tb.php/bmd/630.
5. *En équilibre avec nos écosystèmes planétaires*, rencontre internationale en Floride, États-Unis, 6 juin 2001. SupremeMasterTV.com/bbs/tb.php/bmd/362.
6. *Préserver notre belle planète* (Partie 2), rencontre internationale à Londres, Royaume-Uni, 24 octobre 2006. SupremeMasterTV.com/bbs/tb.php/bmd/336.
7. *Vivre simplement pour sauver la planète* (Partie 1), rencontre internationale en Autriche, 27 mai 2007. SupremeMasterTV.com/bbs/tb.php/bmd/336.
8. *Les animaux contribuent à la santé de notre planète* (Partie 2), rencontre internationale à Paris, France, 1er août 2007. SupremeMasterTV.com/bbs/tb.php/bmd/611.
9. *Le Maître Suprême Ching Hai sur le changement climatique*, rencontre internationale à Paris, France, 25 décembre 2007. SupremeMasterTV.com/bbs/tb.php/bmd/307.
10. *Le temps d'agir sur le réchauffement climatique*, rencontre internationale à Paris, France, 26 décembre 2007. SupremeMasterTV.com/bbs/tb.php/bmd/350.
11. *Un effort mondial pour sauver la planète*, téléconférence avec le personnel de Supreme Master Television à Los Angeles, États-Unis, 20 janvier 2008. SupremeMasterTV.com/bbs/tb.php/bmd/357.
12. *La solution*, rencontre internationale en Autriche, 28 février 2008. SupremeMasterTV.com/bbs/tb.php/bmd/327.
13. *Soyez Végé, Devenez Écolo, Sauvez la Planète*, rencontre internationale à Monaco, 4 mai 2008. SupremeMasterTV.com/bbs/tb.php/bmd/383.
14. *SOS ! Séminaire international sur le réchauffement climatique : Sauver des vies et*

protéger la Terre, conférence internationale à Séoul, Corée du Sud, 22 mai 2008. SupremeMasterTV.com/bbs/tb.php/wow/245.

15. *L'Éden sur Terre à travers le végétarisme*, vidéoconférence avec les membres de l'Association de Surrey, Royaume-Uni, 12 juin 2008. SupremeMasterTV.com/bbs/tb.php/bmd/386.
16. *Le végétarisme est la solution pour sauver le monde*, vidéoconférence avec les membres de l'Association à Londres, Royaume-Uni, 13 juin 2008. SupremeMasterTV.com/bbs/tb.php/bmd/396.
17. *Moments critiques de 2008 pour sauver la Terre : Que puis-je faire ?*, conférence internationale à Taipei, Formose (Taiwan), 29 juin 2008. SupremeMasterTV.com/bbs/tb.php/wow/254.
18. *L'Éden sur Terre*, exposition internationale de galerie d'art à Taipei, Formose, 5 juillet 2008.
19. *Répandre la solution végétarienne*, vidéoconférence avec les membres de l'Association à Seattle, États-Unis, 6 juillet 2008. SupremeMasterTV.com/bbs/tb.php/bmd/412.
20. *Avoir une vision et une attitude positives*, vidéoconférence avec les membres de l'Association à San José, États-Unis, 10 juillet 2008. SupremeMasterTV.com/bbs/tb.php/bmd/421.
21. *Soyez Végé, Devenez Écolo, Faites le Bien*, vidéoconférence avec les membres de l'Association à New York, États-Unis, 13 juillet 2008. SupremeMasterTV.com/bbs/tb.php/bmd/430.
22. *Un objectif noble et un changement de cœur peuvent sauver la planète*, vidéoconférence avec les membres de l'Association en Âu Lạc (Vietnam), 20 juillet 2008. SupremeMasterTV.com/bbs/tb.php/bmd/447.
23. *Les êtres humains sont par nature compatissants et aimants*, vidéoconférence avec les membres de l'Association, à Bangkok, Thaïlande, 24 juillet 2008. SupremeMasterTV.com/bbs/tb.php/bmd/455.
24. *Changement climatique*, conférence internationale à West Hollywood, États-Unis, 26 juillet 2008. SupremeMasterTV.com/bbs/tb.php/wow/262.
25. *SOS : Arrêter le réchauffement mondial*, conférence internationale à Tokyo, Japon, 27 juillet 2008. SupremeMasterTV.com/bbs/tb.php/wow/265.
26. *Mener un mode de vie vertueux en accord avec la loi de l'Amour*, vidéoconférence avec les membres de l'Association à Los Angles, États-Unis, 31 juillet 2008. SupremeMasterTV.com/bbs/tb.php/bmd/458.
27. *Vivre notre vie avec conscience et amour*, vidéoconférence avec les membres de l'Association de Penghu, Formose (Taiwan), 2 août 2008. SupremeMasterTV.com/bbs/tb.php/bmd/467.
28. *La compassion engendre la compassion*, vidéoconférence avec les membres de l'Association à Sydney, Australie, 17 août 2008. SupremeMasterTV.com/bbs/tb.php/bmd/484.
29. *Aller dans la direction noble*, vidéoconférence avec les membres de l'Association à Auckland, Nouvelle-Zélande, 19 août 2008. SupremeMasterTV.com/bbs/tb.php/bmd/492.
30. *Trouver la sécurité et la protection en avançant sur la voie du Ciel*, rencontre internationale en France, 20 août 2008. SupremeMasterTV.com/bbs/tb.php/bmd/532.
31. *Manger de la viande détruit des vies et nuit à la planète* (Partie 7), rencontre internationale en France, 23 août 2008. SupremeMasterTV.com/bbs/tb.php/bmd/554.

32. *Le seul refuge est dans le style de vie vertueux*, vidéoconférence avec les membres de l'Association à Vancouver au Canada, 24 août 2008. SupremeMasterTV.com/bbs/tb.php/bmd/514.
33. Entretien en direct avec le Maître Suprême Ching Hai par East Coast Radio FM, Irlande, 31 août 2008. SupremeMasterTV.com/bbs/tb.php/wow/275.
34. Entretien avec le Maître Suprême Ching Hai par Bob Lebensold de Environmentally Sound Radio, États-Unis, 11 septembre 2008. SupremeMasterTV.com/bbs/tb.php/wow/460.
35. *Arrêter le réchauffement mondial : Agir maintenant*, conférence internationale à Pathum Thani, Thaïlande, 11 octobre 2008. SupremeMasterTV.com/bbs/tb.php/wow/284.
36. Édition aulacienne (vietnamienne) des *Oiseaux dans Ma Vie*, lancement international du livre à Pathum Thani, Thaïlande, 11 octobre 2008. SupremeMasterTV.com/bbs/tb.php/wow/288.
37. *Une grande mission : sauver la planète*, vidéoconférence avec les membres de l'Association en Californie, États-Unis, 26 novembre 2008. SupremeMasterTV.com/bbs/tb.php/bmd/502.
38. Entretien avec le Maître Suprême Ching Hai par East Coast FM Radio, Irlande, 30 novembre 2008. SupremeMasterTV.com/bbs/tb.php/wow/310.
39. *Celestial Art*, lancement international de l'édition anglaise du livre à Los Angles, États-Unis, 12 décembre 2008. SupremeMasterTV.com/bbs/tb.php/wow/304.
40. *La confiance en Dieu* (partie 3), rencontre internationale, 16 décembre 2008. SupremeMasterTV.com/bbs/tb.php/download/7478.
41. *La compassion est inhérente en chacun de nous*, rencontre internationale, 26 janvier 2009.
42. *Conférence internationale SOS* à Oulan-Bator, Mongolie, 27 janvier 2009. SupremeMasterTV.com/bbs/tb.php/wow/314.
43. *Agir maintenant ! - Pour un monde plus pacifique et plus sûr*, vidéoconférence avec le Maître Suprême Ching Hai et l'ancien président des Philippines Fidel Ramos à Taipei, Formose (Taiwan), 21 février 2009. SupremeMasterTV.com/bbs/tb.php/wow/319.
44. *SOS – Sauvez la planète*, conférence internationale à Xalapa, Veracruz, Mexique, 6 mars 2009. SupremeMasterTV.com/bbs/tb.php/wow/326.
45. *Jeûne au jus pour la paix*, vidéoconférence à Culver City, Californie, États-Unis, 7 mars 2009. SupremeMasterTV.com/bbs/tb.php/wow/331.
46. *La pratique spirituelle et la sincérité aident la planète*, rencontre internationale, 8 mars 2009.
47. *Conférence 2009 Sauvons notre Terre : protéger l'environnement et respecter toutes les vies*, conférence internationale à Séoul, Corée du Sud, 26 avril 2009. SupremeMasterTV.com/bbs/tb.php/wow/339.
48. *Soyez végétalien biologique pour sauver la planète*, conférence internationale à Lomé, Togo, 9 mai 2009. SupremeMasterTV.com/bbs/tb.php/wow/343.
49. *Faisons le changement - Protéger l'environnement*, conférence internationale à Boca del Río, Veracruz, Mexique, 4 juin 2009. SupremeMasterTV.com/bbs/tb.php/wow/348.
50. *Jour Végétalien de la Terre pour un monde végétalien*, conférence internationale à Woodland Hills, Californie, États-Unis, 21 juin 2009. SupremeMasterTV.com/bbs/tb.php/wow/355.
51. Entretien avec le Maître Suprême Ching Hai par le journaliste Ben Murnane,

12 juillet 2009, publié dans l'*Irish Sunday Independent*. SupremeMasterTV.com/bbs/tb.php/wow/365.
52. *Il y a une autre façon de vivre*, rencontre internationale, 26 juillet 2009.
53. Entretien avec le Maître Suprême Ching Hai par le journaliste Charles Norton pour *The House Magazine*, Royaume-Uni, 8 août 2009. SupremeMasterTV.com/bbs/tb.php/wow/375.
54. *Nous devons sauver la planète à tout prix*, rencontre internationale, 8 août 2009. SupremeMasterTV.com/bbs/tb.php/bmd/625.
55. *Solutions pour une belle planète*, conférence internationale à Nonthaburi, Thaïlande, 15 août 2009. SupremeMasterTV.com/bbs/tb.php/wow/372.
56. Éditions aulaciennes (vietnamiennes) des *Chiens dans Ma Vie* et des *Nobles de la Nature*, lancement international des livres à Nonthaburi, Thaïlande, 15 août 2009. SupremeMasterTV.com/bbs/tb.php/wow/386.
57. *Les secrets de Vénus*, vidéoconférence avec le personnel de Supreme Master Television à Los Angeles, États-Unis, 29 août 2009. SupremeMasterTV.com/bbs/tb.php/bmd/636.
58. *Réchauffement mondial : Oui, il y a une solution !*, conférence internationale à Lima, au Pérou, 12 septembre 2009. SupremeMasterTV.com/bbs/tb.php/wow/387.
59. Édition espagnole des *Chiens dans Ma Vie* du Maître Suprême Ching Hai, lancement international du livre à Lima, Pérou, 12 septembre 2009. SupremeMasterTV.com/bbs/tb.php/wow/400.
60. *La santé des enfants et le développement durable de la planète*, conférence internationale à l'île de Jeju, Corée du Sud, 21 septembre 2009. SupremeMasterTV.com/bbs/tb.php/wow/379.
61. *Unité mondiale : Ensemble pour sauver des vies*, conférence internationale à Hong Kong, Chine, 3 octobre 2009. SupremeMasterTV.com/bbs/tb.php/wow/383.
62. *Protéger notre maison avec A.M.O.U.R.*, conférence internationale à Taichung, Formose (Taiwan), 11 octobre 2009. SupremeMasterTV.com/bbs/tb.php/wow/388.
63. Editions française et allemande des *Nobles de la Nature* du Maître Suprême Ching Hai, et édition polonaise des *Chiens dans Ma Vie*, lancement international des livres à Francfort, Allemagne, 18 octobre 2009. SupremeMasterTV.com/bbs/tb.php/wow/390.
64. *Végétalien bio pour la prospérité et sauver la planète face au changement climatique*, conférence internationale à Jakarta, Indonésie, 22 octobre 2009. SupremeMasterTV.com/bbs/tb.php/wow/393.
65. *Le saut de l'humanité dans l'Âge d'Or*, conférence internationale à Washington DC, États-Unis, 8 novembre 2009. SupremeMasterTV.com/bbs/tb.php/wow/397.
66. Message vidéo du Maître Suprême Ching Hai à l'Association des magistrats du Mexique pour une justice pro-environnementale et interview par Country Focus sur la BBC Radio Wales, 12 novembre 2009. SupremeMasterTV.com/bbs/tb.php/wow/403.
67. *SOS - Une action rapide pour mettre fin au réchauffement climatique*, conférence internationale à Orizaba, Veracruz, Mexique, 16 novembre 2009. SupremeMasterTV.com/bbs/tb.php/wow/411.
68. Entretien avec le Maître Suprême Ching Hai par l'*Irish Dog Journal*, 16 décembre 2009. SupremeMasterTV.com/bbs/tb.php/wow/406.
69. *L'Amour extraordinaire et la sagesse incommensurable d'un Maître vivant*, téléconférence avec le personnel de Supreme Master Television à Los Angeles, États-Unis, 1er août 2010.

Ressources supplémentaires

Films de sensibilisation

- ***Home*** (2009)
  Ce documentaire de Yann Arthus-Bertrand est presque entièrement composé de prises de vues aériennes de différents endroits sur Terre. Le film montre la diversité de la vie sur la planète et comment l'humanité menace son équilibre écologique. http://home-2009.com/fr/index.html (également sur Youtube)

- ***Meat the Truth - La vérité incarnée*** (2007)
  Produit par le bureau scientifique du Parti pour les Animaux, également connu sous le nom de la Fondation Nicolaas G. Pierson, ce film révèle que la principale cause du changement climatique est l'élevage pour la production de viande et de produits laitiers, qui génère plus d'émissions que tous les modes de transports réunis. Apparaissent dans le film des acteurs, écrivains et hommes politiques hollandais de renom, qui partagent leur point de vue sur le fait d'être végétarien. Des données scientifiques de l'Organisation des Nations Unies pour l'alimentation et l'agriculture sont également présentées. www.partijvoordedieren.nl (néerlandais) http://www.godsdirectcontact.org.tw/eng/news/194/vg_34.htm

- ***Une vérité qui dérange*** (2006)
  Dans ce documentaire américain qui a remporté un Oscar, l'ancien vice-président des États-Unis, Al Gore, informe le public que le réchauffement climatique est un danger réel et présent. Basé sur des recherches de pointe de scientifiques de haut niveau à travers le monde, le film décrit comment les activités humaines au cours du siècle passé pourraient entraîner la disparition de notre planète, et que nous avons un court laps de temps pour inverser cette tendance destructrice de manière à éviter de grandes catastrophes mondiales comme les conditions météorologiques extrêmes, les inondations, la sécheresses, les épidémies et les vagues de chaleur au-delà de tout ce qu'on a connu. Le film est un appel à l'action pour nous tous afin d'assumer notre responsabilité et de faire notre part.

- ***A Delicate Balance : the Truth*** (2007)
  À travers ce film, Aaron Scheibner va plus loin que *Une vérité qui dérange* d'Al Gore en déclarant que le seul espoir pour la planète est que les gens abandonnent la viande et les produits laitiers. http://www.adelicatebalance.com.au/

- ***La 11ème Heure, le dernier virage*** (2007)
Un long-métrage documentaire, réalisé et narré par Leonardo DiCaprio, décrit l'état de l'environnement naturel et informe les téléspectateurs que le temps présent est le dernier moment où le changement est possible. Le film propose de l'espoir et des solutions potentielles aux problèmes environnementaux en appelant à une action réparatrice pour remodeler et repenser l'activité humaine mondiale grâce à la technologie, la responsabilité sociale et la conservation. http://wwws.warnerbros.co.uk/11thhour ; http://www.imdb.com/title/tt049293

- ***Terriens*** (2005)
Ce film, raconté par Joaquin Phoenix, nominé aux Oscars, décrit la dépendance de l'humanité à l'égard des animaux pour la nourriture, les vêtements, le divertissement et l'utilisation dans la recherche ; il illustre également notre manque total de respect pour les animaux. Offrant une étude approfondie des magasins pour animaux de compagnie, des usines à chiots, des refuges pour animaux, des fermes industrielles, du commerce de fourrure et de cuir, des sports, de l'industrie du divertissement, de la médecine et de la science, *Terriens* raconte les pratiques quotidiennes de certaines grandes entreprises du monde, qui dépendent des animaux pour leurs profits. http://veg-tv.info/Earthlings (également sur Youtube)

- ***La Terre dévorée*** (1995)
Ce documentaire succinct produit par la Société Végétarienne du Royaume-Uni et l'Union Végétarienne Européenne est narré par le végétarien et membre de renommée mondiale des Beatles Sir Paul McCartney. Le film comporte également une préface de l'ancien président de Slovénie, le Dr Janez Drnovsek. *La Terre dévorée* illustre clairement les conséquences environnementales de l'activité humaine et les effets de l'alimentation carnée sur notre belle et précieuse planète. http://www.youtube.com/watch?v=x420RF9AVk8 (également sur Youtube)

- **Films sur Goveg.com :**
Cliquez sur « Meet the Animals » et regardez les vidéos éducatives

Quelques sites Web

SUPREMEMASTERTV.COM

Les programmes diffusés sur cette chaîne portent sur le style de vie végétalien bio, écolo, sain et compatissant, et le thème du réchauffement climatique. Les émissions incluent notamment des conférences en direct sur le changement climatique, des entretiens avec des lauréats du Prix Nobel, des scientifiques de la NASA, des chefs de gouvernement et des experts environnementaux.

VEGSOURCE.COM

Une excellente source de recettes végétaliennes, de vidéos éducatives, d'articles et de livres sur le mode de vie végétarien et le bien-être animal.

IVU.ORG

L'Union mondiale des associations végétariennes/végétaliennes fait la promotion du végétarisme dans le monde entier depuis 1908.

WORLDPRESERVATIONFOUNDATION.ORG

Documents et conseils pour encourager les individus, les médias, les gouvernements et autres institutions à adopter des lois et des politiques qui aboutissent à une consommation réduite de produits d'origine animale.

MERCYFORANIMALS.ORG

Le site officiel de Mercy For Animals (MFA) offre des informations sur les questions des droits des animaux, un magasin en ligne et plus encore.

CHOOSEVEG.COM

L'édition en ligne du guide de MFA, offrant des recettes, des vidéos, des conseils et plus encore.

EGGCRUELTY.COM

Photos, vidéos et informations sur les opérations d'infiltrations de MFA sur la cruauté envers les animaux dans des exploitations avicoles de l'Ohio aux États-Unis.

VEGGUIDE.ORG

Le guide ultime des restaurants et des achats pour les végétariens et végétaliens.

GOVEG.COM

Ressources pour les militants, articles d'actualité, des centaines de recettes et plus encore.

VEGANHEALTH.ORG

Information sur la façon de vivre une vie saine et végétalienne.

VIVA.ORG.UK

Grâce à ses campagnes populaires, ses recherches, des exposés sur ses infiltrations et des présentations multimédias efficaces, Viva! fait connaître la réalité de l'agriculture moderne dans les salons des gens.

INDEX

NOS PUBLICATIONS

Pour élever nos esprits et offrir une source d'inspiration pour la vie quotidienne, une riche collection d'enseignements du Maître Suprême Ching Hai est disponible sous formes de livres, cassettes vidéo, cassettes audio, cassettes de musique, DVD, MP3 et CD.

Outre ces livres et cassettes, un large éventail d'enseignements du Maître Suprême Ching Hai peut être consulté rapidement et gratuitement sur Internet. Par exemple, plusieurs sites présentent les revues les plus récentes du Maître Suprême Ching Hai (voir les « sites web Quan Yin » ci-dessous). Les autres publications en ligne incluent aussi des poèmes et des aphorismes inspirés du Maître, ainsi que des conférences sous formes de fichiers audio et vidéo.

LIVRES

Ouvrir un livre du Maître Suprême Ching Hai au milieu d'une journée bien occupée peut être d'un grand secours, car ses paroles nous rappellent avec clarté notre propre Nature véritable. Que vous lisiez ses conférences d'informations spirituelles de la série *La Clé de l'Illumination Immédiate* ou les poésies imprégnées d'une grande compassion dans *Larmes silencieuses*, une précieuse sagesse vous sera toujours révélée.

Dans la liste de livres ci-dessous, le nombre de tomes disponibles dans chaque langue est indiqué entre parenthèses. Pour plus d'information pour obtenir ces livres, veuillez vous reporter à la section « Comment obtenir nos publications ».

La Clé de l'Illumination Immédiate :
Allemand (1-2), anglais (1-5), aulacien (1-15), chinois (1-10), coréen (1-11), espagnol (1-3), finlandais (1), français (1-2), hongrois (1), indonésien (1-5), japonais (1-4), mongol (1,6), polonais (1-2), portugais (1-2), suédois (1), thaï (1-6) et tibétain (1)

La Clé de l'Illumination Immédiate - Questions et réponses :
Allemand, anglais (1-2), aulacien (1-4), bulgare, chinois (1-3), coréen (1-4), français, hongrois, indonésien (13), japonais, polonais, portugais, russe et tchèque

La Clé de l'Illumination Immédiate Édition spéciale / Retraite de sept jours en 1992 :
Anglais et aulacien

La Clé de l'Illumination Immédiate Édition spéciale / Tournée mondiale de conférences de 1993 :
Anglais (1-6) et chinois (1-6)

Lettres entre Maître et pratiquants spirituels :
Anglais (1), aulacien (1-2), chinois (1-3) et espagnol (1)

Mes expériences merveilleuses avec le Maître :
Aulacien (1-2) et chinois (1-2)

Le Maître raconte des histoires :
Anglais, aulacien, chinois, coréen, espagnol, japonais et thaï

Colorons nos vies :
Anglais, aulacien et chinois

L'humour éclairé du Maître Suprême Ching Hai - Ton auréole est trop étroite !
Anglais et chinois

Dieu prend soin de tout - contes illustrés de sagesse du Maître Suprême Ching Hai :
Anglais, aulacien, chinois, coréen, français et japonais

Secrets d'une pratique spirituelle facile :
Anglais, aulacien et chinois

Contact Direct de Dieu - Le chemin pour atteindre la paix :
Anglais et chinois

De Dieu et des humains – Nouvelles lectures des histoires de la Bible :
Anglais et chinois

Épanouissement de la Santé : par un retour à un style de vie éthique et naturel :
Anglais et chinois

Je suis venue vous ramener à la Maison :
Allemand, anglais, arabe, aulacien, bulgare, chinois, coréen, espagnol, français, grec, hongrois, indonésien, italien, mongol, polonais, roumain, russe, tchèque et turc

Aphorismes :
Volume combiné en allemand/français, anglais, anglais/aulacien/chinois, anglais/coréen, anglais/japonais, chinois et espagnol/portugais

La Cuisine Suprême (1) – Cuisine végétarienne internationale :
Volume combiné anglais/chinois, aulacien et japonais

La Cuisine Suprême (2) - Sélections de saveur maison :
Volume combiné anglais/chinois

Un monde... de paix à travers la musique :
Volume combiné anglais/aulacien/chinois

Une collection de création artistique du Maître Suprême Ching Hai :
Anglais et chinois

Vêtements « S.M. Celestial » :
Volume combiné anglais/chinois

Les Chiens dans Ma Vie :
Allemand, anglais, aulacien, chinois, coréen, espagnol, japonais et polonais

Les Oiseaux dans Ma Vie :
Allemand, anglais, aulacien, chinois, coréen, français, indonésien, mongol et russe

Les Nobles de la Nature :
Allemand, anglais, aulacien, chinois, coréen, français et mongol

Art Céleste :
Anglais et chinois

Réflexions sur la vie et la conscience
Un livre du Dr Janez Drnovšek : disponible en chinois

RECUEILS DE POÉSIE

Larmes Silencieuses : Un livre de poèmes du Maître Suprême Ching Hai
Disponible en allemand/français, anglais/chinois, et anglais, aulacien, coréen, espagnol, philippin et portugais

Poèmes de Wu Tzu : Un livre de poèmes du Maître Suprême Ching Hai
Disponible en anglais, aulacien et chinois

Le Rêve d'un Papillon : Un livre de poèmes du Maître Suprême Ching Hai
Disponible en anglais, aulacien et chinois

Traces de Vies Antérieures : Un livre de poèmes du Maître Suprême Ching Hai
Disponible en anglais, aulacien et chinois

Le Bon Vieux Temps : Un livre de poèmes du Maître Suprême Ching Hai
Disponible en anglais, aulacien et chinois

Cailloux et Or : Un livre de poèmes du Maître Suprême Ching Hai
Disponible en anglais, aulacien et chinois

Les Souvenirs Perdus : Un livre de poèmes du Maître Suprême Ching Hai
Disponible en anglais, aulacien et chinois

L'Amour Éternel : Un livre de poèmes du Maître Suprême Ching Hai
Disponible en allemand, anglais, aulacien, chinois, espagnol et français

Au-delà du Royaume du Temps (interprétation de chansons en aulacien) : CD et DVD

Une Touche de Parfum (interprétation de chansons en aulacien par des chanteurs célèbres) : CD

Ce Jour-ci et Ce Jour-là (récital de poésie en aulacien) : CD

Rêve dans la Nuit (interprétation de chansons en aulacien) : CD et DVD

T-L-C, S'il vous plaît (interprétation de chansons en aulacien) : CD

S'il te plaît garde-le à jamais (récital de poésie en aulacien) : CD

Chansons et compositions du Maître Suprême Ching Hai : (CD) Anglais, aulacien et chinois

Chanson d'amour : (DVD) Anglais et aulacien

Bonne nuit trésor : (CD) Anglais

Les Vers Précieux (poèmes de poètes distingués aulaciens, récital en aulacien) : CD 1, 2 et DVD 1, 2

Le Lotus d'Or (récital de poésie en aulacien) : CD et DVD

Livret-échantillon gratuit de La Clé de l'Illumination Immédiate

Le livret-échantillon de *La Clé de l'Illumination Immédiate* présente une introduction aux enseignements du Maître Suprême Ching Hai. Disponible au format électronique, le livret peut être téléchargé gratuitement ou lu en ligne par les lecteurs du monde entier. De l'afrikaans au zoulou, du bengali en ourdou, du macédonien au malais, ce bijou spirituel a été traduit en plus de 74 langues.

Dans le livret, le Maître Suprême Ching Hai souligne l'importance de la méditation dans la vie quotidienne. Le texte comprend également son discours sur les dimensions spirituelles plus élevées et les avantages du régime végétalien, ainsi que des informations sur l'initiation à la Méthode Quan Yin de méditation, la voie spirituelle ultime et la plus élevée. Les réflexions édifiantes du Maître Suprême Ching Hai contenues dans *La Clé de l'Illumination Immédiate* offrent un rayon d'espoir à tous ceux qui sont en quête de la Vérité.

Comme le dit le Maître Suprême Ching Hai, « En obtenant la paix intérieure, nous atteindrons tout le reste. Toute la satisfaction, la réalisation de tous les désirs mondains et célestes vient du Royaume de Dieu, la réalisation intérieure de notre harmonie éternelle, notre sagesse éternelle et notre toute-puissance. Si nous ne les obtenons pas, nous ne trouverons jamais satisfaction, peu importe l'argent ou le pouvoir que nous avons, ou la hauteur de la position que nous occupons. »

Pour un accès direct au livret-échantillon, visitez le site :
http://sb.godsdirectcontact.net/

Ce site offre des versions du livret-échantillon en de nombreuses langues. Rejoignez-nous pour offrir le meilleur cadeau au monde en partageant le message de Dieu et l'élévation de la conscience humaine. Si vous constatez que la liste ne mentionne pas le livret dans votre langue maternelle, et que vous souhaitez le traduire, contactez-nous à : divine@Godsdirectcontact.org.

Téléchargement gratuit du livret-échantillon :
http://sb.godsdirectcontact.net (Formose)
http://www.Godsdirectcontact.org/sample/ (États-Unis)
http://www.direkterkontaktmitott.org/download/index.htm (Autriche)
http://www.Godsdirectcontact.us/com/sb/

Comment obtenir nos publications

Toutes nos publications sont proposées à prix quasi-coûtants. Si vous voulez acheter ou commander une publication, vérifiez d'abord sa disponibilité auprès du centre ou du correspondant de votre région. Pour obtenir une liste des publications disponibles, vous pouvez contacter votre centre local ou visiter les sites Web suivants :

http://www.godsdirectcontact.org.tw/multilang/
http://smchbooks.com/new-c/cover/cover.htm
http://magazine.godsdirectcontact.net/

En outre, de nombreuses Revues en ligne contiennent la liste des publications récentes. Vous pouvez aussi les commander directement auprès du siège à Formose (PO Box 9, Hsihu, Miaoli, Formose, ROC (36899)). Un catalogue détaillé est disponible sur demande.

Sites Web Quan Yin

Site Internet de Contact direct avec Dieu – Association Internationale du Maître Suprême Ching Hai : http://www.Godsdirectcontact.org.tw/eng/links/links.htm

Accédez à un répertoire de sites Web Quan Yin dans le monde entier, disponibles en plusieurs langues, ainsi qu'au programme de télévision 24 h/24, « Un voyage à travers les royaumes esthétiques ». Vous pouvez télécharger ou vous abonner à la Revue du Maître Suprême Ching Hai, disponible en eBook et en formats imprimables. Des éditions multilingues du livret-échantillon de *La Clé de l'Illumination Immédiate* sont également disponibles.

Nous vous invitons à écouter le récital de la belle poésie du Vénérable Thich Giac Man par la voix mélodieuse du Maître Suprême Ching Hai, qui récite aussi deux de ses propres poèmes, « Le Lotus d'Or » et « Sayonara ».

Un ancien amour (récital de poésie en aulacien) : CD et DVD

Traces de vies antérieures (récital de poésie en aulacien) : cassettes audio et CD 1, 2 et 3, DVD 1 et 2 (avec des sous-titres en 17 langues)

Un chemin vers les légendes d'amour : cassettes audio et CD 1, 2 et 3 ; cassettes vidéo 1 et 2 (poèmes de poètes distingués aulaciens, récital en aulacien)

* Les poèmes « Un chemin vers les légendes d'amour », « Un ancien amour », « Au-delà du Royaume du Temps », « Rêve dans la Nuit », « S'il te plaît garde-le à jamais », « Ce Jour-ci et Ce Jour-là », «Traces de Vies Antérieures », « Les Vers Précieux », « Le Lotus d'Or » et « T-L-C, S'il vous plaît » ont été récités ou mis en musique et chantés par la poétesse elle-même.

Les cassettes audio, cassettes vidéo, MP3, CD et DVD des conférences, de la musique et des concerts du Maître Suprême Ching Hai sont disponibles en allemand, anglais, arabe, arménien, aulacien, bulgare, cambodgien, cantonais, chinois, cingalais, coréen, croate, danois, espagnol, finnois, français, grec, hébreu, hongrois, indonésien, italien, japonais, malais, mandarin, mongol, néerlandais, népalais, norvégien, persan, philippin, polonais, portugais, roumain, russe, slovène, suédois, tchèque, thaï, turc et zoulou. Les catalogues sont envoyés sur demande. Toutes les demandes de renseignements sont les bienvenues.